Mamas brauchen Listen genauso dringend wie Concealer und starke Nerven. Mareike Opitz, Mutter zweier natürlich entzückender Kinder, weiß das – und erstellt Listen, um ihr Leben zu sortieren. Dabei geht es nicht ums Einkaufen, sondern um die wichtigen Themen des Elternseins: die bescheuertsten Heldenfiguren für Kinder; Handgriffe, die Mütter in weniger als zwei Minuten beherrschen; prominente Pädagogik-Helden; Tricks, mit denen Eltern einen Kindergeburtstag überleben, oder Fortbildungen, die Working Moms sich sparen können. Zum Wiedererkennen, Mitlachen, Durchatmen, Bescheidwissen und An-den-Kühlschrank-Heften.

Mareike Opitz, Jahrgang 1980, ist zweifache Mutter und seit zehn Jahren Playboy-Redakteurin. Nebenbei betreibt sie den Mama-Blog «Mutti so yeah» (www.muttisoyeah.de): Dort geht es um alles, was Familien gute Laune macht, und um das wundervolle, aber manchmal sehr absurde Leben als Mutter. Herzstück und Erfolgsmotor der Seite sind ihre humorvollen Alltagsreflexionen in Listenform, die es nun endlich gesammelt und erweitert in diesem Buch zu lesen gibt.

MAREIKE OPITZ

Ene, mene, Miste, *Mutti* schreibt 'ne *Liste*

**ELTERNWISSEN
IN LUSTIG & SORTIERT**

Rowohlt Taschenbuch Verlag

Sämtliche Ratschläge in diesem Buch sind sorgfältig geprüft worden, ersetzen jedoch keine pädagogischen, medizinischen oder ernährungsphysiologischen Konsultationen. Autorin und Verlag sind nicht haftbar.

Originalausgabe
Veröffentlicht im Rowohlt Taschenbuch Verlag,
Reinbek bei Hamburg, Oktober 2017
Copyright © 2017 by Rowohlt Verlag GmbH,
Reinbek bei Hamburg
Umschlaggestaltung ZERO Werbeagentur, München
Umschlagillustration und Illustrationen im Innenteil
Nadja König, www.stiftscherepapier.de
Buchgestaltung Anja Sicka, Hamburg
Satz aus der Sentinel Book, InDesign, bei
Dörlemann Satz, Lemförde
Druck und Bindung CPI books GmbH, Leck, Germany
ISBN 978 3 499 63256 3

INHALT

Vorwort 11

MAMA WERDEN

- Sätze, die man zu Schwangeren nicht sagen sollte 18
- Undercover-schwanger: die besten Tricks zur Tarnung 19
- Was man auf «Was wird es denn?» auch mal antworten könnte 20
- Die wichtigsten Forenmutti-Vokabeln 21
- Die Erst-echt-nicht-Ausstattungsliste 22
- Vornamen, zu denen man schon mal ein neutrales Gesicht üben sollte 24
- Seltsame Ideen, auf die Mütter kurz vor der Geburt noch so kommen 26
- … und was sie stattdessen lieber machen sollten 27
- Eine Nacht, viel zu viele Gedanken → Gastliste 28

MAMA SEIN

- Top of schlimm: die entwürdigendsten Augenblicke als Mutter 34
- Sätze, die ich eigentlich nie sagen wollte 36
- Mommybrain-Momente 37
- Die Hashtags der Instagram-Übermuttis 39
- Der Dolch in Mamas Herz: grausame Kinder-Kommentare 41

- Dinge, die man als Mama häufiger benutzt als vorher 43
- Womit man sich als Mutter abfinden sollte 44
- Dinge, die ich haargenau so mache wie meine Mutter 45
- Mutti-Beef: Sätze, mit denen Mütter sich gegenseitig ein schlechtes Gewissen machen 46

ELTERN SEIN

- Womit Papa Mama in den Wahnsinn treibt 52
- Und womit Mama Papa unfassbar nervt 54
- Dinge, die nur bei Kindern süß wirken, bei Erwachsenen leider ein bisschen irre 55
- Was verhindert, dass Eltern Sex haben 57
- Was Landkinder Stadtkindern voraushaben
  → Gastliste 59
- Und was Stadtkinder Landkindern voraushaben
  → Gastliste 61
- Dinge, für die Papas völlig abgefeiert werden – warum Mamas eigentlich nicht? 63
- Aus Pfuibah wird wunderbar: eklige Dinge, die nur Eltern machen 64
- Momente, für die sich wirklich alles lohnt 66

LOCKER BLEIBEN

- Sätze, für die ich Treuepunkte bekommen sollte 72
- Die Sehnsucht nach Stand-by: Frühstücksdialoge 73
- Pragmamatismus: was man beim zweiten Kind nicht mehr macht 75

- Ratschläge für die Tonne 76
- Dinge, die schon länger als drei Jahre auf Mamas To-do-Liste stehen 77
- Die schönsten Eltern-Mantren 79
- Sätze, die Kinder leider niemals sagen 80
- Von Sly bis zu den Golden Girls: alternative Pädagogik-Helden 81
- Wahrheiten, die Kinder erstaunlich gut vertragen → Gastliste 83

BESCHEID WISSEN

- Typische Eltern-Leiden 88
- Sätze, die Kinder irgendwann gegen einen verwenden 91
- Die Standard-Besetzungsliste eines Elternabends 92
- Was einem klar sein sollte, wenn man sein Kind zweisprachig erzieht → Gastliste 95
- Die unnötigsten Kinder-Produkte 98
- Kinder-Wortschöpfungen, die besser sind als das Original 100
- Die größten Eltern-Lügen 101
- Woran man Hauptstadtkinder erkennt → Gastliste 102

RUMTRICKSEN

- Die kleine Ruhe zwischendurch 108
- Dinge, die Mütter in weniger als zwei Minuten beherrschen 110
- Dunkle Mama-Geheimnisse 112

- Wie man Kinder dazu bringt, gesunde Sachen zu essen
  → Gastliste 114
- Warum die Wohnung so schlimm aussieht – die besten Ausreden 117
- Was müde Mütter munter macht → Gastliste 118
- Wie Kinder den Haushalt schmeißen 120
- Dr. Mama – so werden Kinder schnell wieder fit
  → Gastliste 122
- Dinge, die dafür sorgen, dass alles wieder gut ist 127

SPIELEN

- Wann Kinder am allerschönsten spielen 132
- Die beknacktesten Heldenfiguren für Kinder 133
- Wo sich Legosteine und Playmobilteile verstecken 137
- Wie sich Eltern auf dem Spielplatz nicht langweilen 138
- Warum Eltern mit ihren Kindern unbedingt Computer spielen sollten → Gastliste 140
- Wie man Kinder zum Aufräumen bringt 142
- Womit Kinder den Abschied hinauszögern, wenn man sie irgendwo abholen will 144
- «Conni»-Titel des Grauens 146

FEIERN

- Geschenke, die Eltern bereuen 152
- Partyplaner: der Familien-Feiermarathon 154
- Woran man Mütter beim Ausgehen erkennt 157
- Die größten Weihnachtsflunkereien 159

- So überleben Eltern einen Kindergeburtstag **160**
- Ideen für den Kindergeburtstag außer Haus **163**
- Wie Kinder langweilige Familienfeste überstehen **165**
- Kinderlieder, zu denen auch Mama und Papa gerne tanzen **167**

ARBEITEN

- Sätze, die Mamas mit Teilzeitjobs nicht mehr hören können **174**
- Wann das Kind garantiert krank wird **175**
- Wo man einen guten Babysitter findet **176**
- Fragen, die man einem Au-pair unbedingt stellen sollte → Gastliste **178**
- Was man den Arbeitskollegen lieber nicht erzählt **180**
- Mama macht in Online – was sie sich vorher überlegt haben sollte → Gastliste **182**
- Woran man im Büro merkt, dass man dringend mal die Mutti ausschalten muss **186**
- Welche Fortbildungen Working Moms sich sparen können **187**

Danke **189**

Quellenangaben **191**

VORWORT

Ich kann nicht genau sagen, wann es angefangen hat, aber seit vielen Jahren lebe ich in Listen. Job-to-do-Listen, Wunschlisten, Halbgare-Ideen-Listen, Filme-die-ich-gerne-sehen-will-Listen, Grandiose-Buchanfänge-Listen – um nur mal einen kleinen Teil zu nennen. Wahrscheinlich bin ich eine der tragenden wirtschaftlichen Säulen der Post-it-Industrie (denn, ja, ich notiere immer noch ganz altmodisch auf Papier, am liebsten auf Klebezettel). Die erste Liste des Tages schreibe ich gleich nach dem Aufstehen. Ich brauche das so wie andere Leute ihren Morgenkaffee. Vorher bin ich nicht wirklich ansprechbar. Ich setze mich also hin und liste auf, was heute zu tun ist, woran ich denken sollte, was ich unbedingt besorgen muss. Das ist jeden Tag aufs Neue wieder so absurd viel, dass ich nicht mal die Hälfte davon schaffen werde. Was mir gleich beim Aufschreiben klar ist, weshalb es mich nicht frustriert. Denn es geht in erster Linie gar nicht darum, alle notierten Dinge zu erledigen, sondern darum, dem Chaos in meinem Kopf und in meinem Leben eine Form zu geben. Das Gefühl zu bekommen, alles überblicken zu können. Jede einzelne dieser zwölfunddrülfzig Aufgaben hat nun einen Namen, und ich bin ihr Boss.

Ich habe schon überlegt, ob ich die Zeit dieses meditativen, geistigen Ordnens irgendwie mit der Krankenkasse abrechnen kann, als so wichtig sehe ich es für meine gesundheitliche Verfassung an. Listenschreiben ist mein Yoga. Leider macht es nicht so einen knackigen Hintern wie der Herabschauende Hund, aber es erdet und beruhigt mich ungemein. Egal, zu welcher Tageszeit und zu welchem Thema. Und nicht bloß, um

Aufgaben eine Abhak-Reihenfolge zu geben, sondern um alle möglichen Dinge, die mich gerade beschäftigen, zu sortieren. Sie in sinnvolle Zusammenhänge zu bringen, statt sie konfus umherflattern zu lassen.

Dass die Sache mit mir und den Listen noch mal ernster geworden ist, seit ich Mutter bin, erklärt sich wahrscheinlich von selbst. Eine eigene Familie zu haben ist das Wunderbarste, was mir passieren konnte. Es ist einzigartig schön und erfüllend – aber auch einzigartig chaotisch. Ein lebensverändernder, unaufhaltsamer Strudel, der sich genau dann besonders wild weiterdreht, wenn man sich kurz zurücklehnt und findet, dass man gerade alles ziemlich gut im Griff hat. Zu wissen, dass das Schlamassel anderer Eltern auch nicht kleiner ist als das eigene, hilft in solchen Situationen ungemein. Das merke ich auch an den Reaktionen der Leser meines Blogs «Mutti so yeah», auf dem ich die absurden Seiten des Mama-Alltags in der mir so vertrauten Manier ordne. «Du bist doch die mit den Listen», höre ich oft, wenn ich neue Leute kennenlerne. Jawoll, die bin ich. Und diese Listen füllen nun ein ganzes Buch. Manche von ihnen sind der verzweifelte Versuch, mit einer Schippe Humor den Wahnsinn zu verwalten. Einige enthalten die gesammelte Schwarmintelligenz vieler anderer Mütter und Väter, die ich für dieses Buch befragt habe: Elterngold in Form handfester Kniffe und bewährter Tricks. Für bestimmte Themen habe ich mir großartige Bloggerkollegen mit ganz besonderen Familien-Spezialkenntnissen als Gastautoren an Bord geholt. Manche der Listen sind unverschämt subjektiv. Andere wiederum zum Sich-darin-Wiederfinden, wie ein großes One-Size-Superwoman-Cape, das jeder Mutter passt.

Und obwohl sich das bei Büchern eigentlich nicht gehört: Wer beim Lesen an der einen oder anderen Stelle das dringende

Bedürfnis verspürt, eine Seite herauszureißen und sie an den Kühlschrank zu heften, sei hiermit ausdrücklich dazu ermuntert. Ich würde mich darüber freuen. Sehr sogar.

MAMA WERDEN

Bundestrainer zu sein oder schwanger ähnelt sich in gewisser Weise: Wildfremde Leute zwinkern einem verschwörerisch auf der Straße zu, machen Daumendrück-Zeichen, die Freude ist grenzenlos. Aber es hat auch jeder eine Meinung dazu, wie man in seinem Job gerade so performt. Was man darf, ja sogar sollte, und was auf gar keinen Fall. Was man versäumt hat und an was man jetzt unbedingt denken muss. Es ist, als ob man ein T-Shirt tragen würde, auf dem steht: «Nur zu, ich bin für jeden schlauen Tipp dankbar!» Und hintendrauf: «Kalenderblattweisheiten gehen auch!» Um dieses Ratschlaggewitter zu ertragen, hilft ein mütterlich mildes Lächeln und eine gute Portion Jogi Löw'scher Gelassenheit (dieser leere Blick, mit dem er bei Fernsehinterviews manchmal ganz tief in den unteren Bildschirmrand hineinschaut). Denn schließlich muss man sich selbst erst mal darüber klar werden, wie man die ganze Sache eigentlich angehen möchte. Dass man schwanger sein kann beziehungsweise Mutter, das wusste man. Aber auf so viele verschiedene Arten? Das sagt einem vorher ja keiner. Will man eine von diesen betont unaufgeregten Mamas sein, die die Schwangerschaftsapp auf dem Handy lieber im Ordner «Diverses» verstecken? Oder eine von denen, die sich in Internetforen mit geheimnisvollen Abkürzungen darüber austauschen, in welcher SSW sie sind und was ihre Hebi so über die MuMi erzählt (Übersetzungshilfe siehe Seite 21, «Die wichtigsten Forenmutti-Vokabeln»)? Findet man im Geburtsvorbereitungskurs acht neue beste Freundinnen? Oder rollt man genervt mit den Augen, sobald man andere Schwangere sieht? Um das alles herauszufinden, bleibt glücklicherweise neun Monate lang Zeit.

SÄTZE, DIE MAN ZU SCHWANGEREN NICHT SAGEN SOLLTE

Laut auszusprechen, was man denkt, ist eine super Sache. Aber sobald Leute eine Schwangere treffen, sprudelt vieles aus ihnen heraus, über das vorher offensichtlich so gar nicht nachgedacht worden ist. Kann jemand diese 12 Phrasen hier bitte schön mal auf die schwarze Liste setzen? Danke.

- «Achter Monat? Dafür ist dein Bauch aber ganz schön klein.»
- «Achter Monat? Dafür ist dein Bauch aber ganz schön groß.»
- «Ich will dich ja wegen der Geburt nicht verrückt machen, aber ...» (+ egal, welche Geschichte dann folgt)
- «Ein Mädchen? Ach, vielleicht klappt's ja irgendwann noch.»
- «Schon wieder ein Junge? Krass.»
- «War das denn geplant?»
- «Und das willst du jetzt wirklich essen?»
- «Du, genieß es einfach, es geht sooo schnell vorbei.» (zwei Tage nach dem errechneten Geburtstermin)
- «Beim zweiten Kind ist eh alles anders.»
- «Wow, bist du sicher, dass da nur eins drin ist?»
- «Freut ihr euch drauf?»
- «Darf ich mal anfassen?» (während die Hand schon an den Bauch packt)

UNDERCOVER-SCHWANGER:
DIE BESTEN TRICKS ZUR TARNUNG

Die Schwangerschaftstests Nummer eins bis fünf haben alle «positiv» angezeigt. Der Frauenarzt sagt dasselbe und der Appetit auf Mangoeis mit Oliven auch. Aber für die ersten Wochen möchte man dieses Geheimnis unbedingt für sich behalten. Nur: Wie soll das gehen? Die besten Kniffe aus der Doppelagentinnen-Trickkiste.

- Boaaah, dieses Antibiotikum, das man wegen der Blasenentzündung nehmen muss: erklärt sowohl den Alkoholverzicht als auch das ständige Gerenne zum Klo.
- «Du siehst irgendwie so anders aus.» – «Ja, ich hab doch jetzt einen Pony/heute meine Brille auf/den Lidstrich vergessen.» Wenn die Hormone schon früh das Gesicht verändern, rechtzeitig für Ablenkungsmanöver sorgen.
- Show-Anstoßen: sich ein Glas Prosecco in die Hand drücken zu lassen, aus dem man dann aber nicht wirklich trinkt, ist unauffälliger als nach Orangensaft zu fragen.
- Team-Arbeit: Eingeweihte unauffällig den Glas-Inhalt austauschen lassen. Oder den Barkeeper des Vertrauens um geheimen Alternativ-Ausschank bitten.
- «Bei mir wurde eine komplizierte Unverträglichkeit festgestellt, und zwar …» (alle wenden sich gähnend ab).
- Irgendwas mit Wetter: Diese Frühjahrsmüdigkeit/der Vollmond/die Pollen/die hohen Ozonwerte können einem ganz schön zu schaffen machen, Mannomann.
- «Ich hab in letzter Zeit irre viel gefeiert und muss jetzt mal ein bisschen kürzer treten» (funktioniert natürlich nur, wenn man nicht der Partypuper vom Dienst ist).

WAS MAN AUF «WAS WIRD ES DENN?» AUCH MAL ANTWORTEN KÖNNTE

Es ist die Frage, die einem als Schwangere zwischen «Glückwunsch!» und «Habt ihr schon einen Namen?» unausweichlich gestellt wird. Und man muss sie jeden Tag so oft beantworten, dass es kein Wunder ist, wenn man das Bedürfnis entwickelt, mal ein bisschen Schwung in die Sache zu bringen

- «Sag du zuerst!»
- «Wir hoffen, ein Baby. Ein Zwergschimpanse oder ein kleiner Hobbit wäre aber auch super.»
- «Wird noch abgestimmt.»
- «Wir wollten erst mal hören, was dir am liebsten wäre.»
- «Darf es selbst entscheiden.»
- «Entweder ein Mädchen oder ein Junge.»
- «Frag es das doch lieber selbst.»
- «Alles in allem am Ende ungefähr 800 Milliliter Fruchtwasser, ein halbes Kilo Plazenta, eine medizinballgroße Gebärmutter ...»
- «Ein Kaiserschnitt.»
- «Achtung, diese Antwort kann Spoiler enthalten.»

DIE WICHTIGSTEN FORENMUTTI-VOKABELN

Da wollte man nur mal schnell im Netz nachschauen, was gegen Morgenübelkeit hilft – und schon landet man in einem dieser Schwangeren-Foren, in denen sich werdende Mütter über ihre «Bauchzwerge» oder ihre «Hebi» unterhalten. Und das in der «SSW24+2»! Was das alles heißen soll? Eine Übersetzungshilfe.

- **SSW24+2:** vierundzwanzig vollendete Schwangerschaftswochen plus zwei Tage (eine Angabe, die Forenmamas im Schlaf kennen, wahrscheinlich auch mit Minutenanzahl, aber die schreibt man nicht)
- **Hebi:** Hebamme
- **MuMi:** Muttermilch
- **Bauchzwerg:** Baby, noch im Mutterleib
- **süße Maus:** Baby, bereits geboren, weiblich
- **Schnuffel:** Baby, bereits geboren, männlich
- **Wirbelwind:** Geschwisterkind im Trotzalter
- **GöGa:** Göttergatte (also Ehemann)
- **KiWu:** Kinderwunsch
- **FA, KiA:** Frauenarzt, Kinderarzt
- **KS:** Kaiserschnitt
- **Stoffies:** Stoffwindeln
- ***auchmalwiedermeld*:** Einleitung nach mehrminütiger Chat-Abwesenheit
- **!!!!!!?!???;-)))):** – (kurze Gedankenpause)

DIE ERST-ECHT-NICHT-
AUSSTATTUNGSLISTE

Wenn Paare Eltern werden, läuft in ihren Gehirnen sehr verlässlich ein steinzeitliches Einrichtungsprogramm ab. Sie beginnen, alle möglichen Dinge in ihre Höhle zu schleppen und dort zu horten, weil ihnen irgendjemand mal gesagt hat, dass man sie mit Kind braucht. Wobei der befreundeten Vierfachmama genau die gleiche Beratungskompetenz eingeräumt wird wie dem kinderlosen bulgarischen Hausmeister. Man will schließlich auf ALLES vorbereitet sein. Weshalb findige Firmen mit passender Produktpalette nicht müde werden, seitenlange Erstausstattungslisten zum Abhaken zu verfassen. Hier zehn Dinge, mit denen man sich getrost noch Zeit lassen kann.

- **Süße Schuhe:** überhaupt irgendwelche Schuhe. Beim Rumliegen braucht man das als neuer Mensch auf dieser Welt so überhaupt gar nicht. Außerdem ist es wahnsinnig schwierig, sie an schlaffe Babyfüße dran zu bekommen, die Kleinen mögen sie eh nicht und strampeln sie wieder ab.
- **Kleidchen:** Klar, sehen niedlich aus, rutschen aber ständig hoch in Richtung Kopf und machen Eltern und Kind gleichermaßen panisch.
- **Nagelschere:** Weil die Hebamme das Kürzen der sehr weichen Baby-Fingernägel in den ersten Wochen nach der Geburt sowieso strengstens verbietet.

- **Mobiles in Pastelltönen:** Ein Neugeborenes sieht nur bis zu einem Abstand von 25 Zentimetern scharf. Auch wenn sich das Sehvermögen später weiterentwickelt, interessiert sich das Kleine vor allem für knallige Farben (und – hart für die stilbewusste Mama – nicht so sehr für gedecktes Altrosé, Eierschalenweiß und Wolkengrau).
- **Kuscheltier-Gangs:** Weil kleine Babys nicht nur schlecht sehen, sondern auch schlecht greifen können. Außerdem hat zur besseren Luftzirkulation zu viel Firlefanz im Bettchen sowieso nichts zu suchen.
- **Sortiment an Babycremes:** Das ist zwar schwer vorstellbar, aber ist das Kleine erst mal auf der Welt, riecht es ganz von alleine NOCH besser als all die wohlig-kamilligen Tiegeldüfte im Drogerieregal. Und Mama wird sich hüten, da irgendwie reinzupfuschen.
- **Gläschenwärmer:** Ruhig Blut, das mit dem Breichen-Füttern beginnt in frühestens vier Monaten. Und dann tut es auch ein profaner Topf.
- **Schnullerkette:** Weil erstens gar nicht jedes Kind einen Schnuller möchte. Und zweitens in den Anfangswochen der Lost-and-found-Radius wenige Zentimeter um Babys Kopf herum beträgt.
- **Drei Regalmeter Elternratgeber:** Das Wichtigste erklärt einem die Hebamme. Für (fast) alles andere darf man auf sein gesundes Mutter- und Vater-Gefühl vertrauen. Und das kann sich mit zu viel Zeigefinger-Literatur nur ganz schwer entwickeln.
- **Babybadewanne:** Wird nach wenigen Tagen sowieso zur Einweich-Station für vollgespuckte Strampler umfunktioniert. Und Baby badet ganz einfach im Waschbecken oder später auf Papas Arm in der großen Wanne.

VORNAMEN, ZU DENEN MAN SCHON MAL EIN NEUTRALES GESICHT ÜBEN SOLLTE

Die Freunde, die man selbst früher zum Spielen mit nach Hause gebracht hat, hießen Steffi oder Thomas. Kindernamen, denen man heute auf Geburtsstationen, in Pekip-Kursen, Kindergärten und Klassenzimmern begegnet, sorgen hingegen dafür, dass einem leicht mal ein «Hä?!» herausrutscht. Oder ein spontanes Prusten über die Lippen kommt. Dabei kann das arme Kind ja nichts dafür. Zwanzig beurkundete Härtefälle, um für den Ernstfall schon mal einen kontrollierten Gesichtsausdruck üben zu können:

- Heavenly
- Harmony-Melody
- Sittich
- Bock
- Sturmhart
- Maybee
- Raider
- Pepsi-Carola
- Hedi-Rocky
- Blücherine
- Cinderella
- Dee-Jay

- Prince-Glorieux
- Despot
- Emelie-Extra
- Imperial-Purity
- Katzbachine
- Nussi
- Solarfried
- Sexmus Ronny
- Don Armani Karl-Heinz

SELTSAME IDEEN, AUF DIE MÜTTER KURZ VOR DER GEBURT NOCH SO KOMMEN

Der Klinikkoffer ist längst gepackt, der errechnete Termin naht – und jetzt? Nestbautrieb olé! Man könnte doch eben noch mal schnell:

- sämtliche Vorhänge eigenhändig abnehmen, waschen und bügeln;
- das Kinderzimmer taubengrau streichen, dieser Beigeton war einfach nicht der richtige;
- die komplette Babygarderobe ein weiteres Mal durchwaschen (nicht, dass da noch irgendwelche Schadstoffe drin sind!) und akkurat zusammenlegen;
- Müsliriegel für den Kreißsaal backen;
- üben, den Kinderwagen zusammenzuklappen;
- Baby-Ratgeber auswendig lernen;
- Zimmerpflanzen umtopfen und abstauben;
- riesige Mengen Suppe vorkochen und einfrieren;
- das Auto putzen (das wird Babys erster Eindruck nach dem Krankenhaus sein!);
- die Namenssuche noch mal von vorn beginnen;
- die Wohnung krabbelsicher machen (geht ja alles immer schneller, als man denkt);
- «Anzeichen Blasensprung» googeln;
- fünf verschiedene Wehen-Apps runterladen und für den Ernstfall testen.

... UND WAS SIE STATTDESSEN LIEBER MACHEN SOLLTEN

Weil Mütter diese zwölf Dinge nach der Geburt sehr lange nicht mehr tun werden. Und zwar im Sinne von «sehr, sehr lange», nicht von «eine kleine Weile».

- alleine duschen
- in aller Ruhe aufs Klo gehen
- selbst entscheiden, was es zum Mittagessen gibt
- … und das ohne Unterbrechung aufessen
- Sex haben, wenn man gerade Lust dazu hat
- ins Kino oder Theater gehen
- schlafen
- … und danach gleich noch mal einnicken
- zum Friseur gehen
- telefonieren, bis der Akku leer ist
- ohne Concealer das Haus verlassen
- die guten weißen Leinentischdecken auflegen

→ www.rockmyday.de

EINE NACHT, VIEL ZU VIELE GEDANKEN

Wochenbett – das hört sich so handfest und konkret an. Dabei ist die erste Zeit mit dem Baby zu Hause eine schwer zu fassende Blase aus stetigen Hormon-Auf-und -Abs, mikroskopisch kleinen Schlaffetzen und einem wirr vor sich hin blubbernden Mutter-Gehirn. Sogar nachts. Was das für Gedanken sind, hat Design- und DIY-Bloggerin Ann-Kathrin Stade nach der Geburt ihres zweiten Kindes beschrieben.

- Oh, ich bin so müde!
- Bitte jetzt nichts Großes in die Windel! Ich mag nicht aufstehen!
- Hab ich eigentlich das Wickelzeug neben dem Bett? Mist, vergessen.
- Verdammt, jetzt hat er doch ...
- Puh, das riecht.
- Nein, so kann ich ihn nicht schlafen lassen! Ich bin wirklich eine schlechte Mama!
- Bin ich eine schlechte Mama?
- Wie, schon wieder hungrig? Jetzt nur nicht einschlafen!
- Oh neee, jetzt sind wir doch eingeschlafen.

- Verdammt! Alles voller Milch! Ach, egal, soll es halt trocknen, er schläft gerade so friedlich auf meinem Arm.
- Ich müsste mal aufs Klo.
- Was geht denn so auf Insta?
- Nix, alle schlafen.
- Wie viel Uhr haben wir eigentlich?
- Uhhh, schon sechs Uhr, jetzt klingelt eh gleich der Wecker. Wenn ich den ausschalte, kann ich vielleicht schnell Kaffee machen und dann gemütlich stillen, während der Rest weiterschläft.
- Okay, war klar, erst stillen. Wie viel Hunger kann ein so kleiner Wurm eigentlich haben?
- Jetzt KAFFEE, hmmm, wie der duftet! Ah, Mist, der Wecker, den hab ich nicht ausgeschaltet.

MAMA SEIN

Manchmal denke ich so vor mich hin, dass ich Frauen, die sich ausschließlich über ihr Muttersein definieren, ganz schön armselig finde. Zwei Minuten später stelle ich mich dann auf dem Spielplatz als «Mama von ...» vor – ohne meinen eigenen Namen hinterherzuschieben.

Manchmal könnte ich ausflippen vor Freude, wenn mir meine Kinder mit ihren zarten Stimmen ein «Mama» in mein Ohr hauchen. Aber mindestens ebenso häufig könnte ich einfach so ausflippen, ganz ohne Freude, wenn sie es abends zum dreiundzwanzigsten Mal aus ihren Betten heraus nölen, weil ihnen zu kalt ist oder zu warm oder weil sie durstig sind oder gar nicht mühüüde.

Manchmal bin ich stolz auf meinen Mutterinstinkt, der mir verlässlich sagt, was gut für meine Kinder ist. Bis er durch einen kleinen, spitzen Kommentar der Supermarktkassiererin zu wanken beginnt wie ein Einjähriger im Bällebad.

Manchmal fühle ich mich unter anderen Müttern wunderbar aufgehoben und verstanden. Oder einfach furchtbar fremd und alleine, wie die Letzte ohne Clubausweis.

Manchmal, wenn ich mein Leben von außen betrachte, bin ich schwer beeindruckt, wie ich das alles hinbekomme. Häufig sehe ich aber auch die erbärmlichste Mutter-Darstellerin der Welt.

Manchmal kommen mir meine Tage als Mama vor wie eine einzige Aneinanderreihung kleiner Wunder an einer Perlenschnur. Und dann wiederum wie fünf Pfund Gehacktes.

Kurzum, es ist ganz schön kompliziert, diese Mama zu sein. Es ist groß und selbstverständlich und einzigartig. Und gleichzeitig zermürbend kleinteilig und gefühlsverwurschtelnd. Um dem Chaos nicht klein beizugeben, habe ich ein paar Bereiche zumindest schon mal vorsortiert.

**TOP OF SCHLIMM:
DIE ENTWÜRDIGENDSTEN
AUGENBLICKE ALS
MUTTER**

Die Geburt eines Kindes schenkt einer Mutter Selbstvertrauen. Und das ist dringend notwendig – denn dieser kleine Mensch wird ihr in den nächsten Jahren Dinge abverlangen, die sie für niemand anderen auf der Welt tun oder ertragen würde. Okay, vielleicht noch für seine Geschwister. Aber dann ist auch echt mal gut!
Eine Sammlung der fragwürdigsten Situationen:

- der Moment, in dem man mit kühlenden Kohlblättern auf der Brust im Wochenbett liegt und einem klar wird, dass man riecht wie eine Döner-Beilage;
- der Moment, in dem man in einem Kreis fremder Frauen im Rückbildungskurs sitzt und die Hebamme verlangt, «dass sich jetzt alle mal zusammen vorstellen, mit der Scheide Gras zu zupfen»;
- der Moment, in dem man für einen Kita-Platz ALLES tun würde. Und auch wirklich macht. Zum Beispiel Ostergrüße mit Pralinen an die Krippenleiterin schicken;
- der Moment, in dem der Kinderarzt einem mehr als deutlich zu verstehen gibt, dass man jetzt so oft da gewesen sei, dass man kleinere Entscheidungen wie die richtige Mützenwahl oder die Behandlung simpler Mückenstiche ruhig selbst treffen könne;

- der Moment, in dem man auf dem Spielplatz feststellt, mal wieder an wirklich gar nichts gedacht zu haben – und die eigenen Kinder von fremden Müttern mit mitleidigem Blick Apfelschnitze, zuckerfreie Kekse und Taschentücher gereicht bekommen;
- der Moment, in dem einem klar wird, dass die Erzieher im Kindergarten wahrscheinlich jedes Detail aus dem eigenen Familienleben kennen («Mama und Papa haben am Wochenende auch Mittagsschlaf gemacht – aber ohne Unterhose!»);
- der Moment, in dem das Kind begreift, dass Erwachsenen manche Unterstellungen peinlich sind, und unerhört großen Spaß daran hat (in der Supermarktschlange, sehr laut: «Meine Mama hat gepuhuuupst!»);
- der Moment, in dem das Kind einem auf liebevolle Weise verdeutlicht, wie sehr sich der eigene Körper in den letzten Jahren verändert hat («Mama, wenn ich groß bin, möchte ich auch mal so lange Brüste haben wie du!»);
- der Moment, in dem einen das Kind beim Lügen überführt (in der Zoowarteschlange: «Aber ich bin doch schon ganz lange SECHS!»);
- der Moment, in dem man merkt, dass nicht die Pubertät das größte Problem des eigenen Kindes ist, sondern diese uncoole Mutter («Komm bitte nicht in mein Zimmer, wenn meine Freundinnen da sind – und wenn, dann nur mit anderen Schuhen!»).

SÄTZE, DIE ICH
EIGENTLICH NIE SAGEN WOLLTE

Halt, stopp! Ist das jetzt wirklich gerade aus meinem Mund gekommen? Wer hat mein Hirn mit einem Floskel-Generator verknüpft? Hatte ich mir nicht vor der Geburt geschworen, SO ETWAS nie zu sagen? Und sind viele dieser Sätze nicht schon im letzten Jahrhundert abgeschafft worden? Was machen die denn noch hier?

- «Ein bisschen frische Luft hat noch niemandem geschadet.»
- «Was sollen denn die Nachbarn denken?»
- «So nicht, mein Fräulein / mein Lieber!»
- «Hab ich es dir nicht gesagt?!»
- «Weil es so ist.»
- «Weil der Papa und ich das so bestimmt haben.»
- «Warum, warum ist die Banane krumm!»
- «Wie heißt das Zauberwort?»
- «Ihr bekommt noch viereckige Augen vom vielen Glotzen.»
- «Es ist mir egal, ob die anderen das dürfen – hier haben wir das Sagen.»
- «Jetzt weht hier aber gleich ein anderer Wind!»
- «Man muss sich eben entscheiden.»
- «Man kann nicht alles haben.»
- «Jetzt reißt mir aber gleich der Geduldsfaden.»
- «Und wenn die anderen sagen ‹Spring aus dem Fenster›, machst du das dann etwa auch?»

MOMMYBRAIN-MOMENTE

Anfangs schiebt man es noch auf die Stilldemenz. Und klar, mit der Zeit werden sie weniger. Aber – das ist jetzt leider keine schöne Nachricht für alle Neu-Mütter – sie bleiben: Jene Augenblicke, in denen das Hirn auf Stand-by-Modus schaltet und man völlig absurde Dinge tut, weil man eigentlich dringend mal ein paar Stunden Schlaf am Stück und ein paar neue Nerven bräuchte. Zum Beispiel der Moment ...

- im Supermarkt, wenn man die Angebote im Regal studiert und dabei den leeren Einkaufswagen beruhigend vor- und zurückschiebt;
- in dem einem auffällt, dass man den fertigen Plätzchenteig zu den Backzutaten in den Schrank gelegt hat, anstatt ihn im Kühlschrank ruhen zu lassen;
- wenn man nach Hause kommt und vor dem Spiegel im Flur feststellt, dass man den halben Tag mit einem Spucktuch über der Schulter herumgelaufen ist;
- in dem man Messer und Gabel aus der Schublade holt, um den Kartoffelbrei für die Kinder klein zu schneiden;
- wenn man mit dem Festnetztelefon die eigene Mobilnummer wählt, um sein Handy zu finden – und es in der anderen Hand klingelt;
- in dem man sich wundert, dass die Haustür nicht auf-

geht, wenn man auf den Garagenöffner am Schlüsselbund drückt;
- in dem man merkt, dass man das sündhaft teure Bio-Huhn seit drei Tagen im Kinderwagen-Netz herumfährt, anstatt es in den Kühlschrank gelegt zu haben;
- wenn man sich wüst im Auge herumtastet, um diese blöde Kontaktlinse zu finden, und einem dann einfällt, dass man heute gar keine drin hatte;
- wenn man beim Losgehen automatisch mit dem Buggy davonschiebt und einem erst Minuten später klar wird, dass man ja ganz kinderlos auf dem Weg zum Essen mit Freundinnen ist.

DIE HASHTAGS DER
INSTAGRAM-ÜBERMUTTIS

Ich liebe Instagram. In Momenten, in denen mein Gehirn müde ist und in denen ich früher einfach ein bisschen hohl vor mich hin gestarrt hätte, schaue ich heute in meinen Instagram-Feed. Und fühle mich danach meist wieder frischer, inspirierter. Am gebanntesten folge ich dort Müttern, die in einer ganz anderen Liga spielen als ich selbst: in der Meisterklasse der Insta-Übermoms. Sie haben viele gut frisierte Kinder, immer frische Blumen auf dem Tisch und sehr weiße Wohnungen. Mit hellen Couchbezügen, Fellen und Möbeln. Ob sie wirklich in diesen Wohnungen leben (oder ob es eigens fürs Foto angeschaffte Zweitappartements sind), kann ich nicht sicher sagen. Wie schaffen sie es bloß, alles so sauber und ordentlich zu halten? Wobei: Sie schaffen es auch, in weißen Spitzenkleidchen mit der Familie Erdbeeren in selbstgeflochtene Bastkörbchen zu ernten und dabei entspannt zu lächeln. Ich begegne diesen Müttern nicht mit Argwohn, sondern mit interessiertem, aufrichtigem Staunen. Wie bei einem seltenen Naturphänomen. Es sind eher die Hashtags unter vielen Bildern, die mir ein bisschen zu schaffen machen. Denn die Gedankenfetzen in meinem eigenen Kopf lauten am Ende eines langen Tages meist «puhgeradesogeschafft» oder «boahmanchmalkönnteichsiewirklich...» statt (und nein, von diesen Tags ist kein einziger erfunden):

- #blessedtobeamom
- #unitedinmotherhood
- #youaresoloved
- #childhoodunplugged

- #luckymommy
- #myheartisfull
- #letthembelittle
- #growingtoofast
- #littlefierceones
- #wouldntchangeathing
- #littleandbrave
- #kidsforreal
- #embracethechaos

DER DOLCH IN MAMAS HERZ: GRAUSAME KINDER-KOMMENTARE

Die Tatsache, dass Kinder so geradeheraus sind, so ehrlich, aufrichtig, unverblümt, wird ihnen ja gemeinhin als dicker Pluspunkt verbucht. Aber interessiert sich eigentlich auch jemand dafür, wie es für die Mütter ist, die mit diesen kleinen Direktheitsterroristen zusammenzuleben? Ein paar knappe Zitate mit langer Nachwirkzeit.

- «Mama, wenn ICH sehr viel esse, wachse ich. Aber wenn DU viel isst, wirst du einfach dick.»
- «Oh, ich glaube du hast Schimmel am Fuß.»
- Beim Puppenspielen: «Mama, ist es in Ordnung, wenn du die Erzieherin bist und ich die Mutter? Ich kann mich nämlich besser um ein Baby kümmern als du.»
- «Die richtig schicken Frauen haben kleine Handtaschen, nicht so große wie du.»
- Als Mama sich, im achten Monat schwanger, auf Papas Schoß setzt: «Ups, der Papa ist verschwunden.»
- Nach der Geburt des Geschwisterchens: «Ich glaube, in deinem Bauch sind noch zwei drin!»
- «Was ist das für Farbe auf deinen Augen drauf?» – «Ich habe mich gerade geschminkt.» – «Da hast du aber nicht in den Spiegel geschaut, oder?»
- «Mama, kriege ich dein Fahrrad, wenn du mal gestorben bist?»
- «Was ist das für eine Schlafanzughose, Mama?» – «Das ist meine Sporthose.» – «Oh, die hab ich ja noch nie gesehen.»

- «Mama, du hast einen Bart am Bein.»
- «Mama, an dir ist alles so schön wabbelig!»
- «Du bist nicht mehr meine Freundin, nur der Papa.»
- Nachdenklich, als Mama in Unterwäsche aus dem Bad kommt: «Eigentlich bist du nur untenrum dick.»
- «Wenn du weiter so mit mir schimpfst, bring ich dich zurück in den Laden und hol mir eine neue Mama.»

DINGE, DIE MAN ALS MAMA HÄUFIGER BENUTZT ALS VORHER

Es gibt bestimmte Sachen, von denen weiß man, dass es sie gibt. Weil man schon mal von ihnen gehört oder eine andere Frau sie vor einem an der Supermarktkasse auf das Laufband gelegt hat. Aber erst als Mutter ergibt ihre Existenz richtig Sinn, zum Beispiel:

- Concealer
- Drogeriemarkt-Kundenkarte
- Giftnotruf-Nummer
- Pürierstab
- Arnica D6
- Feuchttücher, und zwar nicht nur für Babypopos
- Skype
- Mengenrabatt bei Fotobuchbestellungen
- Stiftung-Warentest-Hefte
- alle Sorten von Desinfektionsmitteln, vor allem Handhygiene-Gel
- Diktierfunktion für Mails und Kurznachrichten
- figurformende Unterwäsche
- Fleckenspray
- Haftpflichtversicherung
- Kirschkernsäckchen
- Notvorrat-Schokolade
- Tupperdosen

WOMIT MAN SICH ALS MUTTER ABFINDEN SOLLTE

Eine der wichtigsten Lektionen, die mich meine Kinder gelehrt haben, ist: manche Dinge einfach mal hinzunehmen, ohne gegen sie anzuschimpfen oder daran rumzuoptimieren. Weil das Gezeter zu viel Energie kostet und sowieso nix bringt. Irgendwann wird sie dann von selbst wieder kürzer, die Liste mit Dingen, die jetzt eben so sind:

- dass mindestens ein Zimmer der Wohnung aussieht wie in einer Messie-Doku-Soap;
- dass die Handtasche ständig voller Reiswaffelkrümel und angelutschter Brezenstücke ist;
- dass ein Kindergartenkind um drei Uhr schon wieder vergessen hat, was es zum Mittagessen gab;
- dass ein Magen-Darm-Virus ein Gemeinschaftsding ist – da macht man als Familie geschlossen mit;
- dass nicht Kinder UND Küche sauber sein können, wenn man frühmorgens das Haus verlässt;
- dass Kinder immer ganz unbedingt und ausschließlich von dem Elternteil ins Bett gebracht werden wollen, der gerade nicht da ist;
- dass mehr als vierzig Zentimeter Matratze einfach nicht drin sind;
- dass man dann ja in ein paar Jahren wieder regelmäßig zum Sport / ins Kino / ins Theater / zu einer Lesung gehen kann;
- dass Kinder nicht länger als zehn Sekunden daran denken können, dass sie sich eigentlich beeilen wollten.

DINGE, DIE ICH HAARGENAU SO MACHE WIE MEINE MUTTER

Bei manchen denke ich mir «Uaaah, wie konnte das passieren?», bei anderen: «Wie recht sie doch hatte!» Seit ich selbst Mama bin, stelle ich immer häufiger fest, dass ich viele Sachen plötzlich mache wie meine eigene Mutter. Ist das gut, ist das schlecht, Genetik oder Sozialisierung? Auf jeden Fall Fakt.

- Die Namen der eigenen Kinder mit denen anderer Familienmitglieder verwechseln, auch geschlechts- und generationenübergreifend.
- Den kompletten Sommer in Gesundheitssandalen mit Fußbett verbringen.
- Allen Leuten, die in irgendein Auto steigen, sagen, sie sollen vorsichtig fahren.
- Ein strenges Fernseh-Regiment führen.
- Auf Naturkosmetik schwören.
- Alte Bäckertüten aufheben, weil man darin prima noch mal eine Brotzeit einpacken kann.
- Einen Rucksack für eine astreine Alternative zur Handtasche halten.
- Besuchern ein Stück Kuchen mit auf den Heimweg geben.
- Die begriffsstutzige Technik-Oma raushängen lassen, wenn ich schlichtweg keine Lust habe, mich in irgendwas Kompliziertes reinzufuchsen.
- Sorgsam archiviert verschiedene Globuli allerlei Potenzen sammeln (was wir alles hätten, wenn wir es bräuchten!).
- Nach dem Essen mit der Familie dem Mann die Reste aufdrängen.

MUTTI-BEEF: SÄTZE, MIT DENEN MÜTTER SICH GEGENSEITIG EIN SCHLECHTES GEWISSEN MACHEN

Hätten wir Mamas einen gemeinsamen Trainer, würde er uns ganz schön strenge Kabinenansprachen halten: weil wir einfach viel zu oft vergessen, dass wir im gleichen Team spielen und uns die Bälle zupassen sollten, statt sie uns gegenseitig in die Magengrube zu donnern. Weil wir so tun, als ob es nur diese eine, richtige Weise (nämlich unsere) geben würde, Kinder und Alltag vor uns herzudribbeln. Und als ob wir das Recht hätten, den anderen in jeden Spielzug reinzureden.

- «Echt? Globuli gegen Ohrenschmerzen? Unter einer verschleppten Mittelohrentzündung können Kinder das ganze Leben lang leiden.»
- «Eine PDA bringt dich ja völlig um die Erfahrung der natürlichen Geburt, das würde ich mir wirklich gut überlegen.»
- «Eine Hausgeburt wäre mir persönlich ja viiiiel zu riskant.»
- «Ihr impft einfach so, wie der Kinderarzt das vorschlägt? Also, wir haben uns mit diesem Thema ganz intensiv auseinandergesetzt.»

- «Für uns kommt eine städtische Schule nicht in Frage. Wir wollen unseren Kindern nicht von vornherein alle Chancen nehmen.»
- «Stillbabys haben ja eine viel intensivere Bindung zu ihrer Mama als Flaschenkinder.»
- «Hast du keine Angst, dass dein Kind Allergien entwickelt, wenn es jetzt schon so viel (alternativ auch: noch gar nichts) am Familientisch mitessen darf?»
- «Mit Geschwistern machen Kinder einfach Erfahrungen, die durch nichts zu ersetzen sind.»
- «Habt ihr nicht das Gefühl, dass eurem Kind irgendwas fehlt, wenn es nicht getauft ist?»
- «Ach, lustig – über diesen Namen hatten wir auch nachgedacht. War uns dann aber zu häufig.»
- «Was Fernsehen mit Kindern in diesem Alter macht, ist ja klar.»
- «Und was sagt euer Zahnarzt dazu, dass der Schnuller immer noch nicht weg ist?»
- «Das kann auch ganz normal sein, wenn Kinder erst so spät trocken werden.»
- «Ihr wart mit eurem Kind noch nie beim Osteopathen? Auch nicht nach der Geburt?»
- «Du kaufst Babybrei im Glas? Na ja, in Ausnahmefällen mag das mal gehen ...»

ELTERN SEIN

Ein Kind zu bekommen ist für Beziehungen wie eine Art Urknall, ein kosmischer Kollaps: In der Mitte gibt es da plötzlich diesen funkelnden neuen Planeten, und drum herum herrscht Chaos. Mama und Papa müssen sich nun entscheiden: Werden sie fortan immerzu um den Planeten kreisen? Oder dreht sich der Planet gefälligst um sie? Teilen sie sich eine Umlaufbahn? Warum, zum Teufel, fühlen sie sich manchmal, als seien sie Lichtjahre voneinander entfernt? Und überhaupt: Früher war irgendwie mehr Schwerelosigkeit. Bis Eltern eine passende Konstellation gefunden und es sich in der neuen Galaxie gemütlich gemacht haben, wird es eine Weile dauern. Eine große Weile. Sie werden in der Zwischenzeit verrückte Dinge tun: über das richtige Alter für den Kauf eines Todesstern-Legobausatzes streiten. Elternmikado spielen und sich so lange nicht bewegen, bis der jeweils andere aufgestanden ist und die Windel gewechselt / das Kind mit Sonnencreme eingeschmiert / die Läuse ausgekämmt hat. Vielleicht werden sie viel zu lange keinen Sex haben. Oder ausprobieren, wie es ist, sich im Baumarkt gegenseitig mit «Mutti» und «Vatti» anzusprechen. Vielleicht auch aufs Land ziehen und dann doch wieder in die Stadt wollen oder umgekehrt. Bestenfalls werden sie all das als eine Serie außergewöhnlicher Abenteuer begreifen. Und die schweißen ja bekanntlich zusammen.

WOMIT PAPA MAMA IN DEN WAHNSINN TREIBT

Das Beruhigende ist ja, dass es bei allen mehr oder weniger gleich läuft. Wenn ich auf Spielplätzen oder in Supermärkten höre, über was sich andere Elternpaare so streiten, bekomme ich mein vielsagendes «Been there»-Gesicht und muss ein bisschen in mich hineinkichern (was ganz anderes ist es natürlich, wenn ich selbst gerade mitten im Schlamassel stecke!). Von Kreißsaal bis Kindererziehung – die größten Klassiker, mit denen Papa Mama von null auf hundert bringt.

- Wenn er während der Geburt kluge Ratschläge gibt.
- Wenn er während der Geburt überhaupt irgendwie spricht.
- Wenn er den Geburtsschmerz relativierend mit selbst erlebten Leiden wie Verstopfung oder seinem eingewachsenen Fußnagel vergleicht.
- Wenn er nachts, wenn das Baby weint, sagt: «Bleib liegen, Schatz, ich mach das» – und eine Sekunde später wieder eingeschlafen ist.
- Wenn er Freunden erzählt, dass die Nächte eigentlich schon ganz super laufen.
- Wenn er einen empörten Blick aufsetzt, sobald er zwei Dinge gleichzeitig erledigen soll.
- Wenn er Dinge so lange vor sich herschiebt, bis Mama

übernimmt, dann aber behauptet: «Das hätte ich schon noch gemacht.»
- Wenn er mit den Kindern durch die Wohnung tobt und sie so richtig hochpusht, um sich dann zur Bettgehzeit für den Männerabend zu verabschieden.
- Wenn er am Wochenende einfach nicht aufstehen kann, weil er erst um vier ins Bett gegangen ist (und das nicht wegen der Kinder).
- Wenn er sich völlig übertrieben von Dritten für einen der Gründe auf Seite 63 («Dinge, für die Papas völlig abgefeiert werden – warum Mamas eigentlich nicht?») bejubeln lässt.
- Wenn er mal wieder die «Das erklärt dir die Mama»-Karte ausspielt.
- Wenn er zum Elternabend geht und mit irgendwelchen Jobs zurückkommt (die – na wer wohl? – erledigen wird).
- Wenn er so tut, als wäre Wäschewaschen ein Hobby und die Tatsache, dass Mama sich so oft damit beschäftigt, ein seltsamer Spleen.

UND WOMIT MAMA
PAPA UNFASSBAR NERVT

Ja, soll es auch geben. Natürlich alles nicht sooo schlimm wie die Liste auf den vorherigen Seiten ...

- Mit jedem «Das weiß man doch».
- Wenn sie beim Wickeln danebensteht und wohlwollende Tipps gibt.
- Wenn sie die Kinder noch mal umzieht, nachdem er sie morgens fertig gemacht hat.
- Wenn sie ihm nach dem Essen genau wie den Kindern den Mund abwischt.
- Wenn sie dem Kind Fragen stellt, die eigentlich an ihn gerichtet sind («Habt ihr schon die Zähne geputzt? An die Handschuhe gedacht?»).
- Mit «Jemand müsste mal»-Sätzen.
- Wenn sie für Samstagmorgen wieder die halbe Kindergartengruppe plus Familien zum Brunch eingeladen hat – und für Sonntagnachmittag die andere Hälfte.
- Wenn sie über die Kinder ausrichten lässt, «das kann heute wirklich mal der Papa machen».
- Wenn sie beschließt, dass die Kinder für den Todesstern-Legobausatz / die Carrerabahn / das erste Fußballspiel im Stadion noch viel zu jung sind.
- Wenn sie bei allen fiesen Sachen (zusammengewachsenen Augenbrauen, Stinkefüßen, Futterneid) behauptet, dass die Kinder das vom Vater haben. Die tollen Eigenschaften (Intelligenz, Herzlichkeit, Aufgewecktheit) sind natürlich von ihr.

DINGE, DIE NUR BEI KINDERN SÜSS WIRKEN, BEI ERWACHSENEN LEIDER EIN BISSCHEN IRRE

In den ersten Wochen und Monaten mit Kind fühlen Eltern sich alt. Sehr alt. Aber dann, wenn irgendwann der Schlaf zurückkommt, wenn Körper, Nächte und Gedanken wieder ihnen selbst gehören, dreht sich das oftmals um. Sie fühlen sich jung. Sehr jung. Und fangen an, Dinge zu tun, über die sie wirklich noch mal nachdenken könnten. Zum Beispiel

- … Mützen mit Ohren tragen;
- … die Lippen großzügig mit glitzerndem Erdbeer-Lippenstift beschmieren;
- … aus Quetschies trinken;
- … bei schwierigen Aufgaben leise Selbstgespräche führen;
- … Dinge «supi» oder «hammer» finden;
- … auf Klapprollern herumfahren;
- … laut ankündigen, dass sie «Pisi» müssen;
- … Lollis lutschen, die die Zunge färben;
- … als absolute Lieblingstiere Einhörner nennen;
- … Socken zu Sandalen kombinieren;
- … Leute interessiert auf deren Gewichtszunahme ansprechen;
- … sich die Ohren zuhalten und «lalala» sagen, wenn sie etwas nicht hören möchten;

- … jemanden am Finger ziehen lassen und dann pupsen;
- … in der Nase popeln und dabei andere Leute anstarren;
- … seltsame Essensmarotten entwickeln (bei der Milchschnitte jede Schicht einzeln essen, Gemüse nur getrennt von den Nudeln);
- … sich Kirschen an die Ohren hängen;
- … in der U-Bahn das «Lustige Taschenbuch» lesen.

WAS VERHINDERT, DASS ELTERN SEX HABEN

Neulich habe ich bei Facebook einen Spruch gelesen, der ging ungefähr so: «Ich liege geil im Bett. Quatsch, andersrum: Geil, ich liege im Bett.» Und das fasst die Bedürfnispyramide junger Eltern recht gut zusammen. Zuallererst einmal wollen sie schlafen. Wenn das erledigt ist, in Ruhe essen. Und dann sehr gerne noch ein bisschen Sex haben. Aber dass man sich derart viele Wünsche am Stück erfüllen kann? Enorm unwahrscheinlich. Weil inzwischen garantiert irgendjemand schlecht geträumt hat, die volle Windel gewechselt haben möchte, der Auflauf im Ofen angebrannt oder die Waschmaschine ausgelaufen ist. Mit Kindern im Haus ist der Weg zum Höhepunkt voller Hindernisse. Besonders schwierig wird es

- … wenn man eher so der Morgensex-Typ ist (denn da ist man nicht alleine im Bett);
- … wenn man eher so der Abendsex-Typ ist (denn da ist man viel zu müde);
- … wenn man – nee, Mittagszeit geht eigentlich, nur nicht:
- … wenn das Kind kurz vor dem Mittagsschlaf noch mal im Auto eingenickt ist;
- … wenn man auf ein langes Vorspiel besteht oder «mal was Neues ausprobieren» möchte;
- … wenn einer von beiden nach Baby-Kotze stinkt;
- … wenn man sich kurz vorher bei Instagram noch eines dieser Bilder von Topmodels drei Tage nach der Geburt angesehen hat;
- … wenn man sich im Bad nur kurz frisch machen möchte

und dann dort so viel zu tun ist, dass der andere inzwischen einschläft;
- ... wenn man den Schlüssel der Schlafzimmertür nicht finden kann;
- ... wenn man im Bett von sich selbst in der dritten Person als Mutti und Vatti spricht;
- ... wenn man als Übersprungshandlung irgendetwas tut, das man wirklich nur bei Kindern machen darf (mit dem Finger schnell einen Popel aus der Nase holen/schnuppern, ob die Füße riechen);
- ... wenn man Elternschmerzen hat (siehe Seite 88 f., «Typische Eltern-Leiden»);
- ... wenn man anfängt, sich gegenseitig noch schnell irgendwas total Süßes von den Kindern zu erzählen.

GASTLISTE
→ www.stadtlandmama.de

WAS LANDKINDER STADTKINDERN VORAUSHABEN

Die Stadt-Land-Frage spukt in Elternköpfen herum, sobald sie den positiven Schwangerschaftstest in der Hand halten. Fortan wird sie dieses Thema viele Gesprächs- und Grübelstunden lang beschäftigen: Wo liegt er, der perfekte Ort für unsere Familie? Sollte man mit Kindern nicht doch lieber draußen, in der Natur, leben? Oder falls man dort sowieso wohnt: Wäre der Alltag in der Stadt nicht viel leichter? Lisa Harmann und Katharina Nachtsheim betreiben zwar gemeinsam den sehr erfolgreichen Blog «Stadt Land Mama», haben die Standortfrage aber ganz unterschiedlich für sich entschieden. Lisa, die mit ihrer Familie im Bergischen Land lebt, findet: auf jeden Fall raus! Weil Landkinder gegenüber Stadtkindern ein paar entscheidende Vorteile haben. Und zwar diese hier:

- Sie wissen, dass Kaninchen am zehnten Tag des Nichtfütterns vermutlich tot sind.
- Sie ahnen, dass die Vierradantrieb-SUVs ihrer Eltern eigentlich nicht für die 500 Meter bis zur Schule gedacht sind.
- Sie haben bei Gewitter schon Bäume umfallen sehen. Und sie dann als Christbaum verwendet.
- Sie gehen mit allen Kindern zusammen zur Dorfschule.

Weil sie vor Ort ist – nicht, weil sie beim Vorstellungsgespräch der privaten Szenekiez-Grundschule das Casting gewonnen haben.
- Sie kaufen manchmal virtuelles Heu für 500 Euro, weil sie so Mitleid mit den Kühen und Schafen in der Handy-App haben.
- Sie glauben, dass es alle sofort wissen, wenn sie mal Mist gebaut haben. Und sie haben recht.
- Sie lernen, was es heißt, sich einem Verein zugehörig zu fühlen. Denn der aus dem Nachbarort ist schließlich unmöglich.
- Dass Fell, wenn es nass wird, stinkt, wissen sie nicht durch den Kragen ihrer Funktionsjacke, sondern vom Regen-Spaziergang mit dem Familienhund.
- Sie sind sich im Klaren darüber, dass sie sich mit ihren Eltern gut stellen müssen, da sie aus Mangel an öffentlichen Verkehrsmitteln bis zum 18. Geburtstag auf deren Fahrdienste angewiesen sein werden.
- Sie wissen, dass Kaffee mit einem Filter gekocht wird und nicht aus To-go-Bechern entspringt.

GASTLISTE
→ www.stadtlandmama.de

UND WAS STADTKINDER LANDKINDERN VORAUSHABEN

… um wieder eine schöne Patt-Situation herzustellen, hat natürlich auch Katharina von «Stadt Land Mama» (siehe oben) zwei Hände voll kluger Argumente in den Topf zu werfen. Sie wohnt mit ihrer Familie in Berlin und findet: Kinder gehören in die Stadt! Weil sie dort Wichtiges fürs Leben lernen:

- Sie wissen nicht erst aus dem Fernsehen, dass es Menschen mit bunten und schrägen Klamotten gibt, denn sie sehen sie täglich in der U-Bahn.
- Das Wort Multikulti müssen sie nicht im Geschichtsunterricht lernen, schließlich gehen sie mit Kindern aus unterschiedlichen Ländern in die Kitagruppe.
- Für sie ist das Brandenburger Tor oder der Münchner Stachus kein Postkarten-Motiv, sondern eine Haltestelle auf dem Weg zu Freunden.
- Sie werden Profis im Sandkasten-Spielzeug-Verteidigen, weil sie auf dem Spielplatz ständig von anderen Kindern umgeben sind – und nicht allein im heimischen Garten versauern.
- Sie brauchen keine Ermahnung an der Ampel der vierspurigen Straße, weil sie von klein auf im Großstadtverkehr bestehen müssen.

- Der Wald ist für sie ein Wahnsinnsabenteuer in der Natur und nicht der Ort der langweiligen Bäume direkt vor der Haustür.
- Sie bekommen schnell mit, dass es nicht allen Menschen so gut geht wie ihnen, und wollen dem Straßenmagazin-Verkäufer ihr Taschengeld schenken.
- An Regentagen hängen sie nicht zu Hause rum, sondern entdecken Kunst und Kultur in Museen und im Theater.
- Sie können ihr Hobby oder ihren Verein selbst auswählen – und müssen nicht irgendwohin, nur weil alle Nachbarskinder da auch hingehen oder es kein anderes Angebot gibt.
- Sie können schlafen, egal, wie laut es draußen ist. Schließlich ist immer irgendwo eine Baustelle, ein Martinshorn oder ein lärmender Nachbar.

DINGE, FÜR DIE PAPAS VÖLLIG ABGEFEIERT WERDEN – WARUM MAMAS EIGENTLICH NICHT?

Na, ist ja klar – weil die Party dann gar nicht mehr aufhören würde!

- der Tochter eine Frisur machen (die Steigerung: mit Flechten!)
- zum Elternabend gehen (die Steigerung: mit Wortbeitrag!)
- mit den Kindern ein Wochenende alleine verbringen (die Steigerung: ohne Babysitter und / oder Großeltern!)
- mit dem Kind zur Vorsorgeuntersuchung gehen (die Steigerung: ohne Impfheft-Vergessen!)
- dem Kind die Fingernägel schneiden (die Steigerung: Fußnägel auch!)
- Elternzeit nehmen (die Steigerung: mehr als die beiden Monate, die man miteinander in Urlaub fährt!)
- dem Kind ein Geburtstagsgeschenk besorgen (mit Einpacken!)
- mit dem fiebernden Kind zu Hause bleiben (die Steigerung: mit Ansteckungsgefahr!)
- dem Kind etwas zum Anziehen kaufen (die Steigerung: in der richtigen Größe!)
- mit den Kindern etwas basteln / backen / kochen (die Steigerung: mit Aufräumen hinterher)

AUS PFUIBAH WIRD WUNDERBAR: EKLIGE DINGE, DIE NUR ELTERN MACHEN

Wie blind Liebe macht, wird einem als Elternteil ja erst klar, wenn man ein Stück von seiner willenlosen Versorgerhülle zurücktritt. Ohne darüber nachzudenken, tut man für seine Kinder auf einmal Dinge, die eigentlich so bah sind, dass man sie für keinen anderen Menschen auf sich nehmen würde. Zum Beispiel ...

- Geburtsvideos anschauen (man will ja vorbereitet sein);
- Babys mit dem Finger dicke Popel aus der Nase holen (damit das Kleine besser atmen kann);
- Kindergartenkindern mit dem Finger dicke Popel aus der Nase holen (sieht sonst so doof aus);
- Schulkindern mit dem Finger ... (hört das denn nie auf?);
- Fotos von verschrumpelten Babyfüßen verschicken (mit durchschimmernden Adern und Käseschmiere);
- sich mit großer Freude auf die Schulter kotzen oder in den Schoß pupsen lassen (so ein Glück, dass das endlich raus ist!);
- angesabberte Brezenstücke und eingespeichelte Apfelschnitze aufessen (weil gerade kein Mülleimer in der Nähe ist);
- dem Baby die Fingernägel abkauen (weil die Hebamme gesagt hat, das sei besser als schneiden);

- Babys Morgenatem inhalieren (soso gut);
- auf den Zehen Panflöte spielen (beim Wickeln ein Kracher);
- den Schnuller, der auf den Boden gefallen ist, ablecken (damit er wieder «keimfrei» ist);
- die stinkende Kackiwurst noch so lange im Töpfchen lassen, bis jeder in der Familie sie gesehen hat (und dann mit Winken in die Toilette verabschieden).

MOMENTE,
FÜR DIE SICH WIRKLICH
ALLES LOHNT

«Man bekommt ja sooo viel zurück» lautet eine gängige Elternfloskel, die ein bisschen nach Kalenderblattweisheit klingt, zum Glück aber stimmt. Mögen die Nächte noch so kurz, die Trotzphasen noch so garstig oder die pubertären Verhandlungen noch so zäh sein: Zwischendurch blitzen verlässlich diese Lichtstreifen auf, die Mama und Papa emotional bei der Stange halten. Und sie daran erinnern, warum sie das Ganze hier eigentlich tun.

- Wenn nach all den Strapazen der Geburt auf einmal dieser kleine, komplett fertige Mensch vor einem liegt und man sofort spürt, dass man von nun an für immer zusammengehört.
- Wenn das Baby im Stubenwagen schläft und sich mit diesen winzigen Händen ganz zart durch seinen Traum dirigiert.
- Ach, eigentlich immer, wenn sie schlafen und dabei so unfassbar unschuldig aussehen – egal, was sie zwanzig Minuten vorher noch angestellt haben.
- Wenn sie dieses Alter haben, in dem man ihnen immerzu am Kopf schnuppern möchte.
- Wenn sie einem die kleinen Arme um den Hals schlingen und dabei «meine Mama» oder «mein Papa» sagen.
- Wenn sie feierlich erklären, dass sie einen immer beschützen werden.
- Wenn man sie dabei beobachtet, wie sie anderen helfen, einfach so.

- Wenn sie Fragen stellen, über die man eigentlich selbst schon lange mal hätte nachdenken sollen.
- Wenn sie unser Leben bremsen – auch wenn wir nicht immer gleich verstehen, was für ein großes Glück das ist.
- Wenn sie sich unbändig über kleine Dinge freuen, während man sich eigentlich gerade große Sorgen macht.
- Wenn sie frühmorgens zu einem ins Bett kriechen und dann Wange an Wange noch einmal einschlafen.
- Wenn man ihnen beim Quatschmachen zusieht und einem keine bessere Comedy-Show einfällt, die man auf dieser Welt buchen könnte.
- Wenn sie mal eben Sätze raushauen, die so philosophisch sind, dass man sie sich gerahmt an die Wand hängen möchte.
- Wenn man feststellt, dass sie plötzlich so selbständig sind, dass es fast schon ein bisschen weh tut.

LOCKER BLEIBEN

Es gibt diese Momente im Leben, in denen man einfach ausflippen und sich heulend auf den Boden werfen möchte. Manche aus meiner Familie machen das dann auch: durchdrehen, weil ihnen gerade alles zu viel ist. Der Weg in den ersten Stock, die Sache mit dem Händewaschen oder dass noch jemand anders ein Stück Schokoriegel abhaben möchte. Die Beispiele lassen es bereits erahnen – den aktiven Part im Durchdreh-Rollenspiel übernehme nicht ich: Als Mutter hat man schließlich Contenance vorzuleben (ich fluche nicht mal mehr ordentlich, seit ich Kinder habe, sondern sage Dinge wie «Supermist» oder «Astloch»). Nein, ich bin diejenige, die danebensteht und versucht, ruhig zu atmen. Ein ... Aus ...
Obwohl ich mir so ein kleines Wut-Workout für mich selbst durchaus auch vorstellen könnte. Schließlich staut sich da einiges auf. An jenen Tagen etwa, an denen ich mich schon morgens anhöre wie ein debiler Roboter, weil ich alles fünf Mal sage und es genauso gut fünf Mal hätte nicht sagen können. Oder an jenen, an denen ich bis mittags keine zwanzig Sekunden alleine mit meinen Gedanken verbracht habe und ich mich so, so sehr nach einer Packung intakter Ersatznerven sehne. Und mir abends vielleicht noch jemand Wohlmeinendes empfiehlt, dass ich mir eben nicht so viel Stress machen soll. Wie großartig wäre es da, einfach loszubrüllen und, auf dem Rücken liegend, um sich zu strampeln wie ein grantiger Käfer. So lange, bis alles raus ist. Danach noch ein bisschen ausruhen und beleidigt schauen. Bis einen jemand in den Arm nimmt und fragt, ob man vielleicht etwas trinken möchte («Gerne, Gin Tonic», würde ich antworten). Aber in den allermeisten Fällen kann ich es mir verkneifen. Und aus dem Schlamassel wird eine Liste

SÄTZE, FÜR DIE ICH TREUEPUNKTE BEKOMMEN SOLLTE

… denn dann wäre ich bald Mama-Millionärin, buhahaaa! Außerdem finde ich die Vorstellung lustig, meine Kinder würden mir Stempel in ein Bonusheftchen knallen. Dann wüsste ich wenigstens, dass sie irgendwas davon mitbekommen, was ich den ganzen Tag so vor mich hin rede.

- «Es ist mitten in der Nacht!»
- «Wo sind schon wieder deine Hausschuhe?»
- «So kommen wir nie los.»
- «Habt ihr die Hände gewaschen?»
- «Mit der GABEL!»
- «Es wird wenigstens probiert.»
- «Einmal noch, dann ist Schluss.»
- «Ich zähle jetzt bis drei.»
- «Zäh-ne-putzeeeen!»
- «Und welches Wort fehlt da noch?»
- «Ich bin doch kein Kletterbaum.»
- «Jetzt wird aber wirklich das Licht ausgemacht.»
- «Warum muss ich immer alles drei Mal sagen?»

DIE SEHNSUCHT NACH STAND-BY:
FRÜHSTÜCKSDIALOGE

Wenn Kinder schon sehr früh sehr viel sprechen, finden das die Leute um sie herum meist entzückend und unterhaltsam. Allen voran die eigenen Eltern, bis oben hin voll mit Erzeugerstolz. Doch manchmal schleicht sich in all die Begeisterung auch die leise Sehnsucht nach einer Stand-by-Taste, nach einer klitzekleinen Pause in der Dauer-Plapperschleife. Frühmorgens zum Beispiel, wenn man sich noch schlaftrunken mit all diesen sonderbaren Themen auseinandersetzen soll, die die Kinder am Frühstückstisch beschäftigen. Mit diesen zum Beispiel:

- Wer alles eine Polio-Impfung hat und wer nicht (woher wissen sie, was das ist?).
- Wie es sich wohl anfühlt, einen Bombensplitter im Knie zu haben (… und wo haben sie das bloß aufgeschnappt?).
- Ob sie sich nicht doch gegenseitig heiraten könnten (und wie unwahrscheinlich es ist, dass sie jemals jemand Besseren finden).
- Wer heute die lahmere Wurst ist – Mama oder Papa (wenn man nicht so müde wäre, würde man sich empören).
- Wie gemein es ist, dass Eltern immer Englisch sprechen, wenn die Kinder etwas nicht verstehen sollen – und was wohl passiert, wenn sie selbst endlich auch Englisch reden können (die Vermutung: Mama und Papa wechseln zu Italienisch oder Spanisch).
- Wer zur nächsten Geburtstagsparty eingeladen wird (natürlich variiert die Gästeliste täglich).

- Welches Motto die nächste Geburtstagsparty haben soll (selbstverständlich jeden Morgen ein anderes).
- Wie unfair es ist, dass man nicht jeden Tag im Faschingskostüm aus dem Haus gehen darf (und überhaupt, was sonst noch alles unfair ist).
- Woran man erkennen kann, dass letzte Nacht ein Ritter im Gästebad geschlafen hat (ganz eindeutig, kein Zweifel).
- Was Kacki macht, solange es noch im Bauch ist (schlafen? warten? sich langweilen?).
- Wie Mamas Chef aussieht (der Verdacht: Wie eine Mischung aus Feuerwehrmann Sam und Herrn Taschenbier).
- Ob sie auch mal Chef werden (was soll das Futur?).

PRAGMAMATISMUS: WAS MAN BEIM ZWEITEN KIND NICHT MEHR MACHT

Wie unglaublich beschäftigt man in den ersten Monaten als Neu-Mama war – daran kann man sich beim zweiten Kind noch gut erinnern. Die Erkenntnis, dass davon ein paar Punkte nicht zwingend notwendig waren, kommt mit ordentlicher Zeitverzögerung. Denn Pragmatismus gibt's meist erst in der zweiten Schwangerschaft gratis dazu. Bis dahin wird man wahrscheinlich ...

- Stillzeiten notieren, mit links/rechts und der Dauer in Minuten.
- Erstausstattungslisten für das Werk weiser Menschen halten.
- Entwicklungstabellen in Erziehungsratgebern studieren.
- Überhaupt Erziehungsratgeber studieren.
- Ernsthaft über die Verwendung von Stoffwindeln nachdenken.
- Das Kind weit über das erste Lebensjahr hinaus komplett zuckerfrei ernähren.
- Den Schnuller abkochen, sobald er den Boden berührt.
- Während Babys Mittagsschlaf auf Zehenspitzen durch die Wohnung schleichen.
- Rückbildung UND Pekip UND Babyschwimmen buchen.
- Das Spiel-Date absagen, weil eines der anderen Kinder Schnupfen hat.
- Wegen Milchschorf zum Kinderarzt gehen.
- Sich vor jeder Impfung tagelang in Fachliteratur einlesen.
- Das Kind auf gar keinen Fall nach 20 Uhr schlafen legen.

RATSCHLÄGE
FÜR DIE TONNE

Wer glaubt, dass man sich alle cleveren Tipps der Kategorie «unverlangt eingesandt» ja bereits während der Schwangerschaft angehört hat und jetzt fein raus ist, hat sich geschnitten. Das ist ein bisschen wie mit diesen großen Franchise-Filmreihen: Es geht immer weiter, und es wird stetig absurder. Eine Kollektion besonders beknackter, aber sehr verbreiteter Erziehungsweisheiten:

- «Man muss Babys auch mal schreien lassen, das ist gut für die Lungen.»
- «Männer brauchen nachts ihren Schlaf.»
- «Hauptsache, das Baby ist warm angezogen.»
- «Bloß nicht zu sehr verwöhnen.»
- «Schnuller helfen vor allem den Eltern.»
- «Früher haben wir das gaaanz anders gemacht.»
- «Gestillt werden muss zu festen Zeiten.»
- «Immer wenn das Baby schläft, musst du auch schlafen.»
- «Kinder im Elternbett? Niemals, die bleiben sonst da, bis sie ausziehen!»
- «Mit einem Jahr wird's höchste Zeit fürs Töpfchen.»
- «Bei Trotzanfällen muss man sie einfach ignorieren.»
- «In den ersten drei Jahren braucht das Kind rund um die Uhr seine Mutter.»
- «Wenn die Eltern konsequent genug sind, schläft das Kind durch.»

DINGE, DIE SCHON LÄNGER ALS DREI JAHRE AUF MAMAS TO-DO-LISTE STEHEN

Müsste man echt mal. Wollte man ja schon lange. Hab ich das echt immer noch nicht? Dabei ist das wirklich wichtig. Also, das gehe ich dann jetzt echt schnellstmöglich an:

- für das erste Kind Fotobücher mit Bildern aus dem dritten, vierten und fünften Lebensjahr gestalten;
- für das zweite Kind Fotobücher aus dem ersten, zweiten und dritten Lebensjahr gestalten;
- vorher diese Tausende von Fotos erst mal sortieren;
- absolutes Muss für Eltern: ein Testa ... uaaaah, ich kann's nicht ausschreiben;
- ein Sparkonto für die Kinder;
- eine Ausbildungsversicherung;
- Sport, so richtig ernsthaft und regelmäßig;
- Meditieren lernen;
- Erste-Hilfe-Kenntnisse auffrischen;
- die 20 bis 30 Kartons mit der Aufschrift «Babykleidung, Größe 56 bis ...», die im Keller stehen, aussortieren
- ... und es damit zum Flohmarkt schaffen;
- alle verfügbaren Staffeln «Game of Thrones», «The Walking Dead» und «Downton Abbey» schauen, damit man endlich mitreden kann;

- wieder eine Tageszeitung abonnieren
- … und lesen!
- Tierspuren und Blatt-Arten studieren – irgendwann wird den Kindern auffallen, dass man immer erst ins Handy schauen muss;
- sämtliche Bedienungsanleitungen für in den letzten fünf Jahren angeschaffte Küchen- und Elektrogeräte lesen;
- den schreibtischhohen Stapel aufbewahrter Kinderkunstwerke archivieren;
- Freunde besuchen, die nicht innerhalb eines 50-Kilometer-Radius um den eigenen Wohnort leben.

DIE SCHÖNSTEN ELTERN-MANTREN

Verdammte Axt, wo ist diese verfluchte innere Mitte hin? Mantra aussuchen, auswendig lernen, aufsagen – hilft.

- Das ist nur eine Phase.
- Das Kind macht gerade einen Schub.
- Er / sie meint das nicht persönlich.
- Jesper Juul würde das genauso sehen.
- Das ist bestimmt gut für unsere Bindung.
- Irgendwann wird er / sie es mir danken.
- Das wird ihm / ihr bestimmt selbst bald zu doof.
- Wenn das Kind groß ist, werde ich sogar DAS vermissen.
- Das hat er / sie vom Vater.
- Eines Tages hast DU auch mal Kinder, Schätzchen.

SÄTZE, DIE KINDER LEIDER
NIEMALS SAGEN

… und wenn doch, ist meist etwas passiert, für das man einen großen Eimer zum Aufwischen, einen Kinderarzt oder eine gute Haftpflichtversicherung braucht.

- «So früh? Dann leg ich mich noch mal hin.»
- «Total schön, was du mir heute zum Anziehen rausgelegt hast, Mama.»
- «Alles klar, ich beeil mich!»
- «Natürlich teile ich mit dir.»
- «Ich hab schon mal Hände gewaschen.»
- «Mmmh, frische Kräuter in der Suppe.»
- «Gibt's noch mehr Salat?»
- «Jetzt ist aber Schluss mit Fernsehen.»
- «Klar hab ich mein Zimmer aufgeräumt.»
- «Ich bring mal den Müll raus!»
- «Ich will ins Bett.»

VON SLY BIS ZU DEN GOLDEN GIRLS: ALTERNATIVE PÄDAGOGIK-HELDEN

Von ungefähr einem Regalmeter Erziehungsratgeberliteratur, den ich in den letzten Jahren durchforstet habe, reuen mich mindestens 96 Zentimeter. Mal ehrlich: Für vergleichbar gehaltvolle Ratschläge reicht oft schon ein Blick in die Glotze oder in die Illustrierte beim Friseur. Denn was das Showbusiness- und Serienpersonal in puncto Kindergroßziehen von sich gibt, ist meist nicht minder qualifiziert, dafür weitaus unterhaltsamer. Meine Top-of-Promi-Pädagogik.

- «Wenn du Töchter im Teenager-Alter hast, dann bist du passé. Sie sagen zu mir: ‹Könntest du mich bitte nicht bis zum Schuleingang fahren, sondern mich ein paar Häuser davor absetzen?› – Ich habe versucht, sie zu überzeugen: ‹Ihr habt doch Rocky und Rambo als Vater, alle in eurer Schule lieben mich.› Aber sie sagen nur ‹Uuuh›. Ich bin ihnen peinlich. Also habe ich es aufgegeben.» *Sylvester Stallone*
- «Es ist nicht schwer, sich um ein Kind zu kümmern. Es ist schwer, irgendetwas anderes zu tun, während man sich um ein Kind kümmert.» *Julianne Moore*

- «So ist eben eine Mutter-Tochter-Beziehung, Schätzchen: eine Abfolge beinahe fataler emotionaler Sackgassen.» *Marge Simpson*
- «Es hat etwas wirklich Ermutigendes, sich zu sagen, verdammt, ich kann das! Ich kann das alles! Das ist das Wundervolle an Müttern, du kannst, weil du musst, und tust es einfach.» *Kate Winslet*
- «Ein Baby zu haben bedeutet, in ständiger Ungewissheit zu leben. Du weißt nie, wann du angekackt wirst oder wann du ein breites Lächeln bekommst oder wann sich dieses Lächeln in Hysterie verwandelt. So könnte es sein, mit einem Drogenabhängigen zusammenzuleben.» *Blake Lively*
- «Erziehung ist schwer, ich will das nicht den ganzen Tag machen!» *Heather in «Life in Pieces»*
- «In den Zeiten von Social-Media, in denen du dein Leben in wunderschönen Bildern darstellen kannst, ist wichtig, Mütter daran zu erinnern, dass wir alle mit Joghurt verschmiert sind und unser aller Hände nach Urin riechen.» *Kristen Bell*
- «Es ist nicht leicht, eine Mutter zu sein. Wenn es leicht wäre, würden es die Väter machen.» *Dorothy von den «Golden Girls»*

GASTLISTE
→ www.mamiundgoer.com

WAHRHEITEN, DIE KINDER
ERSTAUNLICH GUT VERTRAGEN

Bettina Görwitz ist dreifache Mutter und eine Frau der klaren Worte. Auf ihrem Blog «Mami und Gör» wettert sie äußerst unterhaltsam gegen die verweichlichten Blagen anderer Eltern oder Kleinkindabteile. In puncto Erziehung findet sie: Was soll das übersensible Rumgeeiere? Eine Schippe Direktheit ist heilsam für alle – ganz besonders für Mamas Nerven.

- «In deinem Bauch leben kleine Krabbeltiere – mit einem Tesa am Po kann ich dir die morgen zeigen.»
- «Du gehst auf jeden Fall in den Skikurs. Den hab ich schon bezahlt.»
- «Obwohl du Schweini kennst, kennt er dich nicht.»
- «Hausaufgaben werden dir niemals Spaß machen.»
- «Kein Handy mehr – wir hatten früher auch kein WhatsApp.»
- «Nein, ich wisch dir den Hintern nicht mehr ab.»
- «Auch wenn alle anderen sie haben dürfen: Du hast keine Unverträglichkeiten und kannst sogar Fleisch essen.»
- «Du bist bald kein Einzelkind mehr.»
- «Mami und Papi haben dich gemacht, und du gehörst uns. Du musst also folgen.»
- «Niemand mag Weicheier, Heulsusen und Petzen. Niemand!»

BESCHEID WISSEN

Welch großer Unterschied es doch ist, etwas zu wissen und über etwas Bescheid zu wissen. Man kann zum Beispiel Bücher über Apnoetauchen lesen und theoretisch alle Fakten kennen, aber richtig Bescheid darüber, wie es Hunderte von Metern unter der Wasseroberfläche ohne künstlichen Sauerstoff und in völliger Dunkelheit so ist, weiß man erst, wenn man es erlebt hat. Genauso ist es auch mit vielen Familiendingen. Man kann vorbereitet sein, indem man Ratgeber studiert, die Hebamme fragt oder die Erzieher im Kindergarten. Man kann wissen, was zu tun ist – bei Trotzanfällen, bei Norovirus, als Elternsprecher. Aber richtig begreifen wird man vieles erst, wenn man es selbst durchgemacht hat. Oder von jemandem so nah beschrieben bekommt, dass man denkt, man habe es durchgemacht. Das ist der Grund, weshalb ich gerne Mama-Blogs lese: Es gibt so viele tolle Mütter (und auch ein paar Väter!) da draußen in diesem verwirrend großen Internet, die anderen Eltern völlig uneitel und aufrichtig ihre persönlichen Familien-Einsichten zur Verfügung stellen. Im angenehmsten Fall auch noch ohne Missionierungseifer (ein recht gutes Indiz dafür, ob jemand wirklich Bescheid weiß oder durch die Fremdbekehrung erst noch sich selbst vollends überzeugen muss). Warum sie das machen? Weil sie wissen, dass ihnen diese Erfahrungen keiner nehmen kann, dadurch, dass sie sie teilen. Sie werden nur sinnvoller. Und manchmal ein bisschen lustiger.

TYPISCHE ELTERN-LEIDEN

Man kann es nicht leugnen – mit Kind ist man häufiger krank als früher. Und das nicht nur, weil die Kleinen aus Krippe, Kindergarten oder Schule ständig das neueste heiße Zeug aus dem stetig brodelnden Viren-und-Bakterien-Pool anschleppen (das dann schließlich, um ein bis zwei Evolutions-Umdrehungen feingetunt, die Eltern zu Hause so richtig flachlegt). Man bekommt auch plötzlich Zipperlein, von deren Existenz man in seinem früheren Leben nicht einmal etwas geahnt hat. Oder für die man andere Menschen schenkelklopfend auslachen musste. Von den großen Themenkomplexen Schwangerschaft und Geburt einmal abgesehen, sind das zum Beispiel:

- **Der Ohrenschmerz-Rücken:** Das Kleine hat Mittelohrentzündung und kann nur auf dem Arm einschlafen, aber auf gar keinen Fall liegend? Wenn's hilft, verbringen Mama und Papa die Nacht natürlich gerne sitzend – und hoffen inständig, dass der Physiotherapeut sie am nächsten Morgen noch einschieben kann.
- **Der Lego-Fuß:** Ein Klassiker – nachts, barfuß, auf liegen gebliebene Legosteine treten. Tut so höllisch weh, dass man das ganze Zeug am liebsten sofort einsammeln würde und dann ... ach, oder doch lieber wieder ins Bett.
- **Das Maxi-Cosi-Hämatom:** Es gibt im Wesentlichen zwei Möglichkeiten, einen Baby-Autositz zu tragen, ohne dass

er einem beim Laufen an die Beine donnert: entweder mit weit vom Körper weggestrecktem Arm am Griff packen – schafft allerdings nur, wer das regelmäßig in der Muckibude mit ähnlich schweren Gewichten trainiert. Oder sich den Griff über den Unterarm hängen und davon blaue Flecken bekommen. Der Club-Stempel der Jungeltern.

- **Der Hochheb-Hexenschuss:** Dass es sich empfiehlt, in die Knie zu gehen, um Schweres zu heben, ist in der Theorie klar. Aber wie soll das in der Praxis funktionieren, wenn man ein 12-Kilo-Kleinkind aus dem Gitterbettchen, der Badewanne oder aus dem Autositz wuchten muss? Eben. Autsch.
- **Der Kinderhit-Kopfschmerz:** Zum Glück gibt es genügend Kindermusik, die auch Eltern gut finden können (siehe Seite 167, «Kinderlieder, zu denen auch Mama und Papa gerne tanzen»). Dann sind da aber leider noch jene Songs, bei denen Mama und Papa schlagartig Schädelweh bekommen. Und Schreckensvisionen, ihr Nachwuchs könnte später im Fernsehgarten-Publikum sitzen oder Junggesellenabschied im «Bierkönig» auf Mallorca feiern.
- **Die Zurückweisungs-Depression:** Phasen, in denen ausschließlich nur ein Elternteil gewünscht ist, sind hart. Für den, der jetzt für wirklich alles zuständig ist – aber noch viel mehr für den, der nur zuschauen darf. Ein Gefühl wie unglücklich verliebt sein.
- **Babykrallen-Kratzer:** Nanu, mit einem jungen Kätzchen gespielt? Nö, Baby hatte einen eingerissenen Fingernagel, als es einen an der Wange packen wollte.
- **Die Augen-Klemme:** Wie kleine Kinder testen, ob Mama und Papa noch schlafen? Sie ziehen deren geschlossene Augenlider mit Daumen und Zeigefinger so weit wie mög-

lich auseinander und schauen, was dann passiert. Lieber gleich reagieren, im nächsten Schritt untersuchen sie nämlich, ob man Wimpern einzeln ausrupfen kann.
- **Der Tobe-Tiefschlag:** Beim Rangeln auf der Couch mit Karacho auf Papas Körpermitte gehüpft, sieht der erst mal Sternchen. Und für die nächste Zeit keine richtig guten Chancen auf weitere Geschwister.
- **Die Schlafmangel-Übelkeit:** Könnte natürlich auch sein, dass es am vielen Kaffee liegt, den man als Eltern-Zombie so in sich hineinschüttet, ändert aber nicht wirklich was an der Tatsache – eine Nacht ohne Schlaf nach einer Nacht ohne Schlaf macht flau im Magen. Und schummerig im Kopf sowieso.

SÄTZE, DIE KINDER IRGENDWANN GEGEN EINEN VERWENDEN

Wie man in das Kind hineinruft, so schallt es auch wieder hinaus. Das ist – der Schnörkellosigkeit halber ohne Wald-Metapher – ein Leitspruch, der sich bei sämtlichen pädagogischen Instruktionen an die eigenen Kinder stets im Hinterkopf zu behalten lohnt. Weil: It's all coming back.

- «Du hast gesagt, dass man auch bei Gelb nicht mehr rüberdarf.»
- «Heute ist gar kein besonderer Tag und kein Wochenende, und du hast trotzdem Nagellack drauf!»
- «Messer darf man nicht ablecken.»
- «Aber wir probieren doch immer erst mal.»
- «Du hast das Wort mit ‹Sch› gesagt!»
- «Schokolade soll man sich doch gut einteilen.»
- «Stopp, nicht losfahren, du hast deinen Fahrradhelm vergessen!»
- «Aber du hast gesagt, wenn ich was nicht weiß, darf ich immer fragen.»
- «Ich dachte, Stöckelschuhe sind schlecht für die Füße.»
- «Was man sich auf den Teller getan hat, muss man auch aufessen.»
- «Warum soll ich dem Kontrolleur sagen, dass ich fünf bin, ich darf doch nicht lügen!»
- «Wenn man krank ist, tut einem zu viel Fernsehen aber gar nicht gut.»
- «Ich zähl jetzt bis drei – und dann will ich, dass ...»

DIE STANDARD-BESETZUNGSLISTE
EINES ELTERNABENDS

Egal, ob Krippe, Kindergarten oder Schule – die Elterntypen, die sich dort versammeln, sind im Grunde immer dieselben. Was ein bisschen erschreckend ist, aber gleichzeitig auch beruhigend, denn alle gemeinsam sorgen dafür, dass das System funktioniert. Die einzelnen Rollenfächer genau zu kennen kann dabei nur von Vorteil sein. Irgendeiner dieser Phänotypen ist man schließlich selbst.

- **Die Neuen,** für die alles noch ganz aufregend ist. Kommen zu zweit, weil ihnen das hier total wichtig ist. Jetzt sitzen sie Händchen haltend da und sind der festen Überzeugung, dass man in der Einrichtung richtig viel bewegen, ja, wenn nötig, alles verändern kann – solange man miteinander im Gespräch bleibt. Lassen sich mit Freude in jeden Job wählen.
- **Die Zombie-Mom,** die vor zehn Minuten total übermüdet dem Mann die Kinder auf den Schoß gesetzt und es dann gerade noch hergeschafft hat. Puh, geil. Das ist IHR freier Abend, und dass dann noch jemand Salzstangen und Apfelschorle hinstellt! So was Schönes hat schon lange niemand mehr für sie getan. Sie leistet keine Wortbeiträge und lächelt zu jedem Thema selig, irgendwann schläft sie im Sitzen ein. Bitte erst wecken, wenn alle anderen nach Hause gehen. Dafür darf man sie zu einer extra Buffet-Schicht beim Sommerfest einteilen.
- **Die Mom-Jackerin,** die bei jeder Gelegenheit erzählt, wie das bei ihrem kleinen Xaver so ist. Wasserfarben? Das hat sie mit dem Xaver auch neulich zu Hause gemacht, aber

er sagt nie «Wasserfarben», sondern ganz süß ... Der Ausflug in den Zoo? Da freut sich der Xaver schon sooo doll drauf ... Die anderen Kinder? Sind eine super Kulisse für Xavers Welt, deshalb tut sie alles dafür, sie ihm gewogen zu halten.

- **Der Papa,** kommt heute mal statt der Mama – und so besonders wie er selbst findet das auch der weibliche 90-Prozent-Anteil der Veranstaltung. Wenn er dann noch was sagt oder sogar weiß, dass dienstags immer Turnen ist, sind alle vollends hin und weg. So gefeiert zu werden gefällt ihm gut. Weshalb er sich gleich mal zum Elternsprecher küren lässt (und dafür später zu Hause mächtig Ärger kassiert, weil ja wohl klar ist, wer diesen Job ausführen wird, siehe Seite 52, «Womit Papa Mama in den Wahnsinn treibt»).
- **Die Ratgeber-Mutti,** die zu jedem pädagogischen Thema aus dem Stand eine Vorlesung halten kann. Und erwartet, dass die anderen Eltern sowie die Erzieher sich genauso engagiert am Diskurs beteiligen. Schließlich liegt die Zukunft der Kinder in ihren Händen! Findet ständig, dass sich zu irgendwas zu wenig Gedanken gemacht wird. Was meist niemand außer ihr stört. Aber wenn doch, sind alle froh, sie und ihre Expertise zu haben.
- **Die Overperformer-Mom,** die mit dem Familienkalender auf den Knien jedes Mal gut gelaunt das Protokoll mitstenographiert. Hat Rezepte, Bastelanleitungen und Hausmittel für und gegen alles. Was abwechselnd ein bisschen eklig und einschüchternd wirkt. Aber für die Kinder natürlich großartig ist.
- **Die Routinierte,** die bereits das dritte, vierte oder fünfte Kind in der Einrichtung hat. Kommt später und eigentlich

nur deshalb, weil es ihr unhöflich erscheint, gar nicht vorbeizuschauen. Kennt besser als alle Erzieher sämtliche Mittagessenslieferanten der Stadt, die wirksamsten Maßnahmen gegen Läusebefall sowie die Laternenfest-Abläufe der letzten sechs Jahre. Geht früher, weil der Mann auf dem Handy anruft und zu Hause irgendein Notfall ist. Wenn sie Glück hat, sieht nur die Mutter direkt neben ihr, dass gar keiner am Telefon dran war.

GASTLISTE

→ www.frommunichwithlove.de

WAS EINEM KLAR SEIN SOLLTE, WENN MAN SEIN KIND ZWEISPRACHIG ERZIEHT

Dominika Rotthaler ist Polin, die es der Liebe wegen nach Deutschland verschlagen hat. Von hier aus betreibt sie für ihre Landsleute einen Blog auf Polnisch. Und seit sie zwei Söhne hat, auch den deutschsprachigen Mama-Blog «From Munich with Love», auf dem sie über Familienthemen, Mütter-Start-ups und bilinguale Erziehung schreibt.

- Bilingualität ist ein Prozess, der für das Kind bereits im Mutterleib beginnt. Schon jetzt gewöhnt sich das Baby an die Melodie der Sprache da draußen. Außerdem sollte man über die künftige Erziehungsmethode und die Sprachwahl so früh wie möglich mit dem Partner reden.
- Gut möglich, dass das Umfeld die Entscheidung für eine bilinguale Erziehung nicht nachvollziehen kann. Das gilt meist nicht für Sprachen wie Englisch, Französisch oder Italienisch. Aber osteuropäische oder afrikanische Sprachen haben für viele Leute kein hohes Prestige.
- Das Kind wird am Anfang viele Wörter aus den verschiedenen Sprachen mischen und verwechseln. «Papa, mach oko auf!» («Papa, mach das Auge auf!»), hat mein Sohn zum Beispiel gesagt, als er klein war. Oder «Ja mam gute Idee!» («Ich habe eine gute Idee!»). Das ist ganz normal

und kein Grund zur Sorge. Mit der Zeit sollte sich dieses Phänomen stabilisieren – aber Achtung, das passiert nicht von alleine, sondern nur, wenn die Eltern konsequent bei ihrer entsprechenden Sprachwahl bleiben!

- Bei bestimmten Sprachen kann es dazu kommen, dass das Kind viele «falsche Freunde» hat – das sind Wörter, die sich ähnlich anhören, aber in der einen Sprache eine andere Bedeutung haben als in der anderen. Zum Beispiel: ‹Kran› bedeutet auf Polnisch ‹Wasserhahn›. Und ‹Mapa› heißt ‹Karte›. So kommt es häufig zu Verwechslungen, was aber durchaus amüsant sein kann!
- Das Kind wird immer wieder gefragt werden: «Welche Sprache sprichst du lieber?» Das ist allerdings wie zu fragen: «Wen liebst du mehr, Mama oder Papa?» – Menschen, die diese Frage stellen, haben keine Ahnung, was Bilingualität bedeutet.
- Die Großfamilie und Freunde werden am Anfang nicht glauben, dass der Nachwuchs so gut und akzentfrei eine zweite Sprache beherrscht – und das Kind wird immer wieder aufgefordert werden, ein Lied oder ein Gedicht in der anderen Sprache vorzutragen. Achtung: Überdrussgefahr beim Kind!
- Eine Minderheitensprache kann als Geheimsprache benutzt werden – aber Vorsicht, ich bin schon mehrmals dabei ertappt worden. Als ich mich auf dem Spielplatz mit meinem Sohn darüber geärgert habe, dass ein anderes Kind schon ganz lange schaukelt und niemand anders dranlässt, hat mir dessen Mutter etwas genervt auf Polnisch geantwortet: «Er springt ja gleich runter.»
- Und ja: Eine bilinguale Erziehung bedeutet jede Menge Arbeit – angefangen beim konsequenten Gebrauch der

gewählten Sprache über bilinguale Samstagsschulen bis hin zu doppelten Hausaufgaben. Aber für das Kind kann es eine große Bereicherung sein. Durch die zusätzliche Muttersprache gewinnt es neue Freundschaften, großes Wissen, Flexibilität und tiefe Beziehungen zu beiden Familien und Kulturen.

DIE UNNÖTIGSTEN
KINDER-PRODUKTE

Ja, ja, schon klar, wir Eltern sind leicht verführbare und absurd einfach gestrickte Konsumenten. Solange etwas der Sicherheit oder der Gesundheit unserer Kinder dient oder es sie einfach glücklich macht, zücken wir sehr verlässlich den Geldbeutel. Aber mit allem lassen wir uns nun auch nicht verschaukeln, liebe Werber und Produktdesigner! Was soll zum Beispiel dieses Zeugs hier?

- **Quetschies:** Es gibt doch bei uns so tolles echtes Obst zu kaufen. Warum sollte man seinen Kindern Früchte aus Plastiktüten in den Mund drücken, von denen man nicht weiß, woher sie kommen und wie sie vorher aussahen? Was ist das bitte schön für eine Mode? Gibt es bald auch Leberwursties oder Pasta-Bolognesies für kaufaulen Nachwuchs?
- **Bikinis für Zweijährige:** Um sekundäre Geschlechtsmerkmale vor Blicken zu schützen, die sie (frühestens) in zehn Jahren haben werden?
- **Fleischwurst mit Gesicht:** noch unheimlicher als ohne.
- **Autositze und Fahrradhelme für Puppen:** für die Sicherheit von Plastikköpfen? Echt jetzt?
- **Spielplatz-Visitenkarten:** «Hi, ich bin Rick und meine Mama Meli erreichst du unter der 0172-589 ...». Höchs-

tens bei taubstummen Familien akzeptabel. Wobei die wahrscheinlich besser kommunizieren können.
- **Babywasser in Tetrapaks:** Wie konnte die Menschheit bis zu diesem Evolutionsschritt bloß überleben?
- **Duftende Windeltüten:** Damit die Kinderkacke im Müllcontainer auch einen Hauch Vanille verströmt?
- **Badewannenbücher aus Plastik:** Gibt es tatsächlich Kinder, die sich im Wasser gemütlich zurücklehnen, um etwas zu lesen?
- **Nasensauger:** Oder hat irgendjemand schon mal irgendwen getroffen, der jemanden kennt, der einen hat, der funktioniert?

KINDER-WORTSCHÖPFUNGEN, DIE BESSER SIND ALS DAS ORIGINAL

Wie schlaff doch unsere alten Wörter sind, wie ungenau und grottenlangweilig! Das muss ich hin und wieder denken, wenn Kinder Begriffe erfinden, die das Leben um sie herum mit beinahe philosophischer Weisheit auf den Punkt bringen. Falls es da draußen also irgendwo ein Patentamt für Superwörter geben sollte – ich hab schon mal ein paar eingesammelt.

- longacieren = irgendwo entlangbalancieren
- Schlumpfhose = Strumpfhose
- rumscheren = schneiden üben
- paparieren = mit dem Papa zusammen etwas reparieren
- ein Buch anlesen = ein Buch vorlesen, sich nach ein paar Seiten dann aber doch für ein anderes entscheiden
- bumbevoll = Mischung aus bumsvoll und bombenmäßig, also im guten Sinne überfüllt
- jemanden anärgern = jemanden mit etwas nerven
- drei Gemüse mit dem Kontrabass (so kalauernd von Chinesen zu singen ist doch eh irgendwie komisch)
- Steuerpirater = Steuerberater (... man weiß schließlich nie, was die so genau vorhaben)
- Huper = Fahrer eines Autos (mit klarer Kernkompetenz)
- Oma-Geschoss = Obergeschoss, in dem Oma wohnt
- knapp gehabt = Mischung aus knapp gewesen und Glück gehabt – liegt ja meist nah beieinander
- 1, 2, 3 ... 9, 10, Elvis, 12, 13, 14 (er lebt!)

DIE GRÖSSTEN ELTERN-LÜGEN

Wie spitzenmäßig das bei anderen Eltern doch alles so läuft! Wie viel Glück sie haben, was für Hammer-Gene, wie viel Geduld und Konsequenz! Oder vielleicht doch einfach nur: wie viel Showmaster-Talent? Spätestens bei Mehrfachnennungen folgender Klassiker ist ein wenig Misstrauen angebracht.

- «Wir haben's einfach mal probiert – und SOFORT war ich schwanger!»
- «Ich genieße das Stillen in jeder Sekunde.»
- «Wir stehen nachts immer abwechselnd auf.»
- «Unsere Marie kann Ungerechtigkeit nicht ausstehen.»
- «Das hat der Fritz ganz alleine gebastelt!»
- «Unsere Kinder haben glücklicherweise schon ganz früh durchgeschlafen.»
- «Den Schnuller gibt's bei uns wirklich nur noch zum Einschlafen.»
- «Die Lara weiß, dass ich da ganz konsequent bleibe.»
- «Die Paula hat schon einen ganz tollen eigenen Stil.»
- «Unsere Kinder merken, dass es ihnen ohne Zucker einfach besser geht.»
- «Die Buchstaben hat er sich selbst beigebracht!»
- «Beim Thema Fernsehen sind wir ganz streng.»
- «Inzwischen können sie sich schon prima alleine beschäftigen.»
- «Läuse hatten wir zum Glück noch nie.»
- «Karl wollte un-be-dingt Geige spielen lernen, und irgendwann haben wir zugestimmt.»

→ www.hauptstadtmutti.de

WORAN MAN HAUPTSTADTKINDER ERKENNT

In ihrem großartigen und sehr erfolgreichen Online-Müttermagazin «Hauptstadtmutti» widmen sich Gründerin Isa Grütering und ihr Autorinnen-Team der Spezies «Berliner Mamas»: ihren Styles, ihren Geschäftsideen und vielfältigen Lebenskonzepten. Aber auch die Hauptstadtkinder haben etwas ganz Eigenes, finden Isa und ihre Kollegin Theresia Koch. Wie kleine Berliner so sind:

- Bestellen ganz selbstverständlich einen Babyccino im Café.
- Tragen mit drei Jahren schon «Dr. Martens» und «Herschel»-Rucksäcke.
- Wissen, dass der Fernsehturm Fernsehturm und nicht Alex heißt.
- Kennen den Unterschied zwischen U-Bahn, S-Bahn und Straßenbahn und wissen, womit sie wohin gelangen.
- Wundern sich nicht über Hautfarben oder Kopftücher, sondern fragen, welche Sprache das Gegenüber spricht.
- Treten nie in Hundekacke, dafür haben sie einen eingebauten Sensor.
- Wissen, was eine Plansche ist.
- Können sich ihren Spielplatz nach Thema und Bezirk aussuchen.

- Wissen, dass es vielleicht eine Stunde oder länger dauert, wenn sie einen Freund am anderen Ende der Stadt besuchen wollen.
- Sind kulinarisch sehr bewandert, essen alles – von Sushi über koreanische Burger bis hin zu Egg Benedict. Und kennen den Unterschied zwischen einem Döner und einem Schawarma.

RUMTRICKSEN

Ich bin ja sonst sehr für Solidarität und gegen Stutenbissigkeit. Aber Mamas, die sich selbst als Rabenmütter bezeichnen, weil es abends mal Pommes statt Vollkornbratlinge gibt oder weil die Kleinen «Pippi Langstrumpf» gucken dürfen, während sie sich die Fingernägel lackieren, kann ich nicht leiden. Was ist das für eine seltsame Form der Koketterie? Es gibt einen ganzen Kinofilm, der auf solchen Mama-Eskapaden, die keine sind, basiert. «Bad Moms» heißt er, weil darin eine Mutter beschließt, auf vermeintlich verwegene Weise ihr Leben umzukrempeln. Sie will künftig nachts keine Pappmachéköpfe für den Kunstunterricht ihrer Kinder mehr fertig basteln, sich nicht länger von ihrem Chef für einen Halbtagsjob ausbeuten lassen, und zum Kuchenbasar bringt sie Windbeutel von der Tanke mit. Selbstverständlich möchte man ihr zu diesen Schritten herzlich gratulieren. Aber eher im Sinne von «endlich», nicht von «was für ein krasser Scheiß». Denn all das ist doch eher schlau als schlecht. Was soll also das Rabenmütter-Label? Rumtricksen und Prioritäten setzen – das sind schließlich die wahren Kernkompetenzen einer Mutter. Wie zum Beispiel zu erkennen, was gerade wirklich Aufmerksamkeit braucht und was schnell irgendwie wegerledigt werden kann. Zu wissen, mit welchem Kniff man ein paar Vitamine in sein Kind hineinbekommt. Wie man zehn Minuten Ruhe findet, bevor man sich zu Momzilla verwandelt. Oder wie man ratzfatz einen schlimmen Tag vergessen zaubert. All das darf einen stolz machen. Und auf keinen Fall klein.

DIE KLEINE RUHE ZWISCHENDURCH

Kaffeepause für Mama! Gemütlich auf dem Sofa sitzen, die Beine hochlegen, so etwas Verrücktes tun wie Zeitung lesen – klingt super. Aber was machen die Kinder in dieser Zeit? Zehn Dinge, mit denen sich die Kleinen mindestens zehn Minuten lang selbst beschäftigen können (ergibt 100, in Worten: HUNDERT Minuten!).

- **Klebepunkte:** Wie alles aus Mamas Schreibtisch heiß begehrt. Mit den farbigen, selbsthaftenden Punkten lassen sich tolle Bilder gestalten. Ganz ohne Sauerei, klappt also auch super unterwegs.
- **Temporary Tattoos:** noch mal kleben. Aber diesmal auf Arme, Beine, Bäuche. Motiv aussuchen, aufbappen sowie anfeuchten dürfen die Kleinen selbst («… und beim Draufdrücken jedes Mal bis hundert zählen, Kinder, sonst hält's nicht!»).
- **Snackteller:** möglichst gesund (für Mamas Gewissen) und kleinteilig (für das Zeitkonto) – Apfelschnitze, Möhren-Stifte, Rosinen, Mini-Brezen
- **Hörspiele:** zum Beispiel die All-Time-Kindheitsklassiker wie «Pippi», «Räuber Hotzenplotz», «Michel» & Co.
- **schlaue Stifte:** gibt es inzwischen von verschiedenen Herstellern – digitale Lernstifte, die ganze Bücher vorlesen, Geräusche machen, Aufgaben stellen und Lieder vorsingen.

- **Schubladen ausräumen:** und zwar mit Erlaubnis und Ansage – für ganz Kleine bereits an sich eine Attraktion, größere Kinder bekommen einen Sortier-Auftrag.
- **Höhlen bauen:** Mama liefert einen Stapel Decken und gibt ausnahmsweise den Couch-/Esstisch frei, dann wird eingerichtet.
- **Kommando Peng:** die Kinder die Luftpolsterfolie der letzten Onlineshopping-Bestellungen zerknallen lassen, und zwar jede einzelne kleine Kammer – bis die Folie ganz flach in den Mülleimer passt.
- **Friseur spielen:** alle Haarklammern und Bürsten her (bloß keine Scheren!), Mama bekommt eine neue Frisur – hinten am Kopf wird emsig gezuppelt, vorne hat sie schön ihre Ruhe.
- **Überraschungs-Deal:** Jeder hat zehn Minuten Zeit und bereitet für den/die anderen heimlich etwas Kleines vor (dass Mama nur zwanzig Sekunden gebraucht hat, um die fünf Smarties in die Serviette einzuwickeln, braucht ja niemand zu wissen).

DINGE, DIE MÜTTER IN WENIGER ALS ZWEI MINUTEN BEHERRSCHEN

Was soll eigentlich dieses «L» in Multitasking? Es müsste Muttitasking heißen: Mit dem Gen für Effizienz verlassen Mütter den Kreißsaal, zelebrieren fortan im Alltag die hohe Kunst des Parallelverrichtens und laufen unter Zeitdruck zu wahrer Höchstform auf. Manchmal bleiben ihnen nur wenige Augenblicke, um den Superheldinnenumhang überzuwerfen, denn sie müssen in Sekundenschnelle …

- ein vollgekotztes Bett frisch beziehen,
- duschen (mit ALLEM),
- Sex haben,
- ein Knaller-Abendessen auf den Tisch stellen (irgendwas mit Ketchup-Gesicht drauf geht immer),
- das Bad besuchsfertig putzen,
- sich ein Ausgeh-Make-up schminken,
- den Wochenend-Einkauf erledigen (danke, Supermarkt-Lieferdienst, zweitbeste Erfindung überhaupt!),
- die Wohnung saugen (danke, Roboter-Staubsauger, beste Erfindung überhaupt!),
- Sport machen (klar darf man Beckenbodenübungen so nennen!),
- Beziehungsgespräche führen, für die man früher ein komplettes Wochenende gebraucht hätte,

- ein Geburtstagsgeschenk für wen auch immer herbeizaubern und verpacken (Mama hat schließlich Vorräte für wen auch immer),
- sich einen Überblick über die Weltlage verschaffen (so schnell wie Mütter scannt die Start-Seiten von Nachrichtenportalen niemand).

DUNKLE MAMA-GEHEIMNISSE

Meistens war die Schummelei ja gar nicht geplant: Das Kind hat irgendwas falsch verstanden, dann hat eins das andere ergeben, weshalb man gar nicht mehr dazu gekommen ist, das richtig zu erklären, woraufhin plötzlich – ach, egal. Ist eben so passiert. Bestimmte Dinge sagt man den Kindern lieber nicht ganz genau. Zum Beispiel,

- dass das «Sandmännchen» nicht nur in Omas Fernseher läuft, sondern theoretisch auch zu Hause;
- dass Mama die von den Kleinen «geflochtene» Frisur mit den vielen Spangen kurz vor dem Büro doch entfernt;
- dass Mama und Papa manchmal nach dem Zubettbringen noch einen zweiten kleinen Nachtisch essen – und einen großen dritten;
- dass man «Lillifee»- und «Bob der Baumeister»-Bettwäsche ganz leicht online ordern könnte;
- dass der Spielplatz abends nicht zumacht;
- dass man so eine Idee hat, wohin das große Magnetbuch mit den vielen losen Teilen verschwunden sein könnte;
- dass es bis zum nächsten Geburtstag noch unfassbar lange dauern wird;
- dass dem Osterhasen und dem Nikolaus aufgeräumte Kinderzimmer total egal sind;
- dass nicht auf allen CDs in der Bücherei, bei denen Mama

erklärt: «Ach, schade, die ist erst für ganz große Kinder», auch wirklich irgendeine Zahl steht;
- dass Mama und Papa diese Geräusche im Bett nicht deshalb gemacht haben, weil sie gleichzeitig einen schlechten Traum hatten;
- dass nicht ALLE Anna-und-Elsa-Schulranzen schlecht für den Rücken sind;
- dass es für Fingernagellackieren, Ohrlochstechen und In-der-Halfpipe-Skateboard-Fahren keine offiziell festgesetzten Altersgrenzen gibt;
- dass den vierzig bis sechzig Kunstwerken, die täglich aus dem Kindergarten mit nach Hause kommen, ein sehr hartes Casting bevorsteht, sobald Mama mit ihnen alleine ist;
- dass die vielen Stöcke vor der Tür vielleicht doch kein «anderes Kind» weggenommen hat.

GASTLISTE
→ www.lemonsforlunch.com

WIE MAN KINDER DAZU BRINGT, GESUNDE SACHEN ZU ESSEN

Essen, das gesund ist, aber trotzdem schmeckt? Davon kennt Zweifach-Mutter und Foodbloggerin Kathrin Dücker ziemlich viel! Und weiß sogar noch, wie man es ohne Gezeter in vitaminverweigernde Kinder hineinbekommt.

- **Do-it-yourself-Müsli**
  Das Kind selbst entscheiden lassen, aus welchen Komponenten es sich sein morgendliches Müsli zusammenstellen möchte. Einfach kleine Gläser oder Schälchen mit Walnüssen, Mandeln, Haferflocken, Sonnenblumenkernen, Trockenobst, Kokosflocken, Goji-Beeren, Hanfsamen, Blaubeeren oder Himbeeren auf den Frühstückstisch stellen und frei wählen lassen. So landen meist automatisch viele (neue) gute Zutaten auf dem Teller und im Mund.
- **Gemeinsam backen oder kochen**
  Wenn Kinder gesehen haben, wie ein Gericht zubereitet wurde, welche Lebensmittel darin sind, und wenn sie sogar mithelfen durften, wirkt alles gleich weniger fremd und «bedrohlich».
- **Auf hochwertige Beilagen setzen**
  Wie wäre es statt mit Reis mal mit Quinoa, Hirse, Dinkel

oder Bulgur? Diese Beilagen sind viel nährstoffreicher und halten außerdem länger satt. Weiße Nudeln lassen sich gut durch Vollkorn- oder Dinkelnudeln ersetzen. Inzwischen gibt es im Bioladen oder Reformhaus sogar Linsen-, Erbsen- und Kichererbsennudeln.

- **Rohkost-Vorspeise**
  Vor dem Mittag- oder Abendessen eine kleine Rohkostplatte auf den Tisch stellen und dem Kind sagen, dass das richtige Essen noch einen Moment braucht, es sich aber gerne schon an Obst und Gemüse bedienen darf. Mit ein wenig Hunger funktioniert das erstaunlich gut (ist sogar ein durch Studien belegter Trick).

- **Säfte und Smoothies anstelle von Obst**
  Häufig entscheidet auch die Konsistenz darüber, ob ein Kind eine bestimmte Obst- oder Gemüsesorte mag oder nicht. Kinder, die keine geschnittenen Obststücke essen wollen, sind manchmal durchaus für frisch gepresste Säfte oder Smoothies zu begeistern. Süße Sorten wie Orange-Mango oder Ananas-Orange eignen sich für den Anfang sehr gut und können im Laufe der Zeit variiert werden (Smoothies wegen des hohen Fruchtzuckergehalts natürlich auch nicht literweise trinken lassen).

- **Der Spinat-Trick**
  Unter einen Frucht-Smoothie lässt sich wunderbar eine Handvoll Babyspinat mischen. So ist der Saft um eine Portion Gemüse reicher, und da Babyspinat sehr geschmacksneutral ist, fällt er gar nicht auf. Falls die Farbe des Saftes den Spinat verrät – einfach in eine blickdichte Trinkflasche füllen.

- **Gesunde Eiszeit**
  Gesundes Fruchteis am Stiel lässt sich zu Hause leicht

selbst herstellen. Einfach frische Erdbeeren, Himbeeren, Blaubeeren oder Mangos pürieren und einfrieren – so wird die Vitamin-Bombe als Eisspaß getarnt.

- **Gemüse in Gebäck verstecken**
  Ein wirklich guter Trick der gesunden Küche! Es gibt zum Beispiel Rezepte für Süßkartoffel-Brownies oder Schokokuchen mit Avocado oder Roten Beeten. Auch im Karottenkuchen fällt das Gemüse geschmacklich nicht auf – kein Kind würde auf die Idee kommen, dass sich darin so gesunde Zutaten verstecken.
- **Immer an die Elf denken**
  Laut Studien müssen Kindern neue Lebensmittel um die elf Mal angeboten werden, bevor sie diese überhaupt probieren. Das beruhigt, wenn es mit dem Obst und Gemüse nicht auf Anhieb klappt. Dranbleiben zahlt sich also aus!

WARUM DIE WOHNUNG SO SCHLIMM AUSSIEHT – DIE BESTEN AUSREDEN

Die Legostein-Sammlung ist gleichmäßig über alle Zimmer verteilt, die Couch unter Wäschebergen vergraben, und die Küche sieht aus wie nach einer wirklich wilden Party? Nun, dafür gibt es bei Spontan-Besuchen (mindestens) eine gute Erklärung.

- «Wir sind gerade dabei, gründlich auszusortieren.»
- «Wir haben unsere Wohnung für den Dreh einer Messie-Dokusoap vermietet.»
- «Wir wollen den Kindern mal zeigen, was passiert, wenn niemand aufräumt.»
- «Gestern war hier Kindergeburtstag.»
- «Die neue Putzfrau bringt wirklich ALLES durcheinander.»
- «Irgendjemand muss hier eingebrochen sein, und solange die Polizei das nicht fotografiert hat, ändern wir lieber nichts.»
- «Viele Genies brauchen viel Chaos.»
- «So ein Umzug ist der Wahnsinn!»
- «Wir leben hier.»

→ www.cappumum.com

WAS MÜDE MÜTTER
MUNTER MACHT

… oder was sie zumindest so aussehen lässt, kann wahrscheinlich niemand besser erklären als Claire Nizeyimana. Stets taufrisch und bestens gelaunt, ist sie Meisterin des Mama-Streetstyles. Allerdings nicht auf diese Fashion-Streberart, mit der Models ihre ausgeklügelten Outfits für den Schoolwalk mit den Kindern präsentieren, sondern mit einer lässigen Ist-mir-heute-morgen-eben-so-eingefallen-Attitüde. Um die – und vieles andere – geht es auf ihrem Blog «Cappu Mum». Aber jetzt erst mal wach werden!

- Let's dance! Musik direkt nach dem Aufstehen bringt Schwung und Laune.
- Ein alter Trick, der aber Tag für Tag seine phantastische Wirkung behält (zugegeben, kostet etwas Überwindung): Gesicht unter eiskaltes Wasser halten – guten Morgen allerseits, ich bin wach!
- Zucker in Form von Schokolade für den Kreislauf. Natürlich heimlich, damit die Kids es nicht sehen
- Roter Lippenstift lenkt von Augenringen ab!

- Und Rouge sorgt für den nötigen Frische-Kick. Wirkt immer.
- Genauso wie Statement-Halsketten.
- Für einen tollen Teint: Pink Glow in Form von Blusen, Kleidern, Röcken.
- Cappuccino hoch dosiert. Nummer eins nach dem Aufstehen, Nummer zwei bei der Ankunft am Schreibtisch und Nummer drei um zehn zum ersten Meeting.
- Geheimtrick Pfefferminzöl. Einen Tropfen auf den Handrücken geben, abschlecken – und wach ist die Mami. Hilft auch bei Müdigkeitsattacken am Tag.
- Keine Zeit für all diese Action? Einfach drauf pfeifen. Mütter haben bekanntlich immer Superkräfte. Auch wenn sie gerade mal ein bisschen schlapp aussehen.

WIE KINDER DEN HAUSHALT SCHMEISSEN

Es soll ja Kinder geben, denen nicht klar ist, dass ihre Mithilfe im elterlichen Haushalt gesetzlich bindend ist, und denen man deshalb immer wieder Paragraph 1619 des Bürgerlichen Gesetzbuchs vorbeten muss: «Das Kind ist, solange es dem elterlichen Hausstand angehört und von den Eltern erzogen oder unterhalten wird, verpflichtet, in einer seinen Kräften und seiner Lebensstellung entsprechenden Weise den Eltern in ihrem Hauswesen und Geschäft Dienste zu leisten.» Falls das Wort des Gesetzes nur wenig Eindruck macht, sind die Kleinen meist gut zu überzeugen, wenn Spaß und Stolz aufs Alleineschaffen mit der Pflichterfüllung einhergehen. Zehn Top-Jobs für Minihaushaltshilfen.

- Wer laufen kann, kann auch den Tisch decken. Und abräumen. Vielleicht lieber mit Plastikbechern starten anstatt mit den scharfen Messern.
- Dass sich das saubere Geschirr aus der Spülmaschine nicht von alleine in die Schränke zaubert, ist sogar für manch Erwachsenen schwer nachzuvollziehen. Kinder, die regelmäßig beim Ausräumen dabei sind, wissen das zum Glück. Dazu hilft eine kinderfreundliche Geschirranordnung ungemein. Wer sagt denn, dass Gläser immer oben im Schrank stehen müssen?
- Den eingetrockneten Spielplatzdreck von den Turnschuhen bürsten – das können die Kleinen auch selbst. Und es staubt so schön!

- Mama sagt «Salat waschen, bitte», das Kind versteht «Juchhu, mit Wasser rumplanschen» – aber hinterher sind hoffentlich beide mit dem Ergebnis einigermaßen zufrieden.
- Zwiebeln sind die Mandalas der Küchenarbeit: die einzelnen Schalenschichten abzufisseln kann ungemein beruhigend wirken (solange sie noch nicht angeschnitten sind, sonst gibt's natürlich Tränen).
- Ob der Mensch vielleicht doch von der Ameise abstammt? Oder warum finden es Kinder sonst so toll, Sachen zu tragen, die wesentlich größer sind als sie selbst? Mit Wäschebergen ist das zum Glück unbedenklich. Sie in die Maschine zu stopfen bekommen sogar die Kleinsten hin.
- Zusammenpassende Paare finden – das üben Kinder beim Memory-Spielen. Oder mit Socken, während Mama die Wäsche zusammenlegt.
- Noch mal was mit Wasser, denn das geht immer: Auch als Pflanzengießassistenten machen sich die Minis super. Lieber draußen als drinnen, denn die Zielgenauigkeit lässt manchmal zu wünschen übrig.
- Es gibt ja Kinder, die erstaunlichen Wert auf knitterfrei ausgebreitete Decken legen. Und deshalb mit der Aufgabe, ihr Bett zu machen, schön lange beschäftigt sind.
- Erspart nicht nur Zeit und Wege, sondern fünf bis acht «Können wir das hier auch mal kaufen?»-Diskussionen: Kinder im Supermarkt mit kleinen Shopping-Aufträgen losschicken. Die Nudelmarke, die man immer zu Hause hat, erkennen sie schnell. Selbst ausgesuchter Kohlrabi schmeckt doppelt so gut. Und alles alleine aufs Band legen zu dürfen ist sowieso das Beste.

→ www.warmemilchmithonig.de

DR. MAMA – SO WERDEN KINDER
SCHNELL WIEDER FIT

Wer nachts um halb drei sorgenvoll Dinge wie «Kind kann vor lauter Husten nicht schlafen» oder «Trick gegen Schluckauf» googelt, landet im ungünstigsten Fall in einem dieser Foren, in dem sich Eltern mit sonderbaren Nutzernamen und sehr vielen Satzzeichen gegenseitig panisch machen. Oder stößt glücklicherweise auf den Blog «Warme Milch mit Honig», auf dem die Mutter und Wissenschaftsjournalistin Kathrin Schwarze-Reiter über Kindergesundheit schreibt. Und ein paar Tricks auf Lager hat, die erstaunlich simpel und wirkungsvoll zugleich sind.

- **Die Husten-Friedenspfeife im Tipi rauchen**
  Oh Mann, dieser lästige Husten – jede Nacht weckt er die Kinder. Weil die aber meist keine Lust haben, ihre Nase in ein Inhaliergerät zu stecken, nehme ich ein Indianerzelt. Meine Tochter hat eines in ihrem Zimmer stehen, und manchmal «rauchen» wir die Husten-Friedenspfeife darin. Ich gebe Kräuter wie Salbeiblätter, Thymian, Kamillenblätter und zerstoßene Fenchelsamen in eine Schüssel

und gieße kochendes Wasser darauf. Dann verstecken wir uns im Tipi (Achtung, dass niemand an die Schüssel stößt und sich verbrüht!) und inhalieren gemeinsam. Tief ein- und ausatmen. Das klappt meist ganz gut, beruhigt die gereizten Bronchien und löst den Schleim.

Ganz wichtig: Kleine Kinder (bis ca. 1 Jahr) sollten nie mentholhaltige und ähnlich stark riechende Substanzen inhalieren. Das kann Allergien begünstigen oder im schlimmsten Fall sogar einen Atemstillstand auslösen.

- **Mit Winnie-the-Pooh-Tee gegen Erkältung**
Die Nase läuft schon etwas, das Schlucken fällt schwer – dann ist es Zeit, tata, für den Dr.-Mama-Erkältungsbekämpfungs-Tee! Er hat wahre Superkräfte! Dafür koche ich 1 Liter Wasser auf, schneide ein 3 Zentimeter langes Stück Ingwer in Stücke, lasse das Gebräu 15 – 20 Minuten ziehen und gebe noch einen Spritzer Zitrone hinein. (Jaja, ich weiß, Kinder mögen weder Ingwer noch Zitrone, aber man kann den Tee ja ordentlich mit Honig süßen und ihn «Winnie-the-Pooh-Tee» nennen.) Der Ingwer wirkt schleimlösend und entzündungshemmend, wärmt von innen und desinfiziert. Die Zitrone versorgt den Körper hoch dosiert mit Vitamin C, und der Honig wirkt antibakteriell. Den Tee am besten in eine Thermoskanne geben, dann bleibt er lange warm.

- **Buttermilch hilft bei Bauchschmerzen**
«Mama, ich hab schon wieder Bauchweh!» – Bauchschmerzen sind hinterhältig, denn sie kommen oft unvermittelt. Niemand kann nachsehen, ob dem wirklich so ist, denn ein Bauch tränt ja nicht, ist nicht rot oder hat Pusteln. Er tut nur weh. Stimmt das, oder will da jemand vielleicht nur nicht in den Kindergarten? Sicher kann man

sich nicht sein. Bei unklaren Bauchschmerzen hilft daher manchmal Buttermilch. Sie enthält alkalische Substanzen und räumt Magen und Darm auf. Ein empfindlicher Bauch kommt so wieder zur Ruhe. Ab drei Jahren kann man Kindern daher täglich einen halben Liter Buttermilch (zimmerwarm!) geben. Erzielt oft ungeahnte Erfolge.

- **Lieber Karotte als Hühnchen**
Ich konnte sie noch nie leiden – diese eingebildete Hühnersuppe, die sich landauf, landab als bestes Hausmittel ever brüstet. Gegen Erschöpfung und nach langen Magen-Darm-Erkrankungen soll nichts so gut helfen wie sie. Als Vegetarierin bringe ich es aber einfach nicht übers Herz, so ein nackiges Huhn auszukochen. Es gibt allerdings eine ebenbürtige, vegetarische Alternative (nur Karotten müssen dafür dran glauben). Und so geht's: Ein Glas Karotten, am besten ein Glas Babynahrung, in einen Topf mit einem halben Liter Gemüsebrühe aufkochen. Natürlich kann man auch frische Karotten nehmen und die dann pürieren. Mit Suppenkräutern und etwas Muskat würzen. Was so gut daran ist: Diese Suppe bringt den Salz- und Kohlenhydrathaushalt wieder in Ordnung. Und die Mineralien und Vitamine aus der Karotte (vor allem das Provitamin A) tun der strapazierten Magenschleimhaut gut.

- **Weniger jucken dank Zwiebel**
Im Sommer werden vor allem Kinder fies gepiesackt: Schwärme an Mücken hinterlassen auf den kleinen Körpern rote, juckende Pusteln. Mit Chemie will man da nicht zu Leibe rücken. Die Öko-Methode: Man nehme eine Zwiebel, halbiere sie und reibe mit der Schnittstelle sanft über den Stich. Müffelt zwar ein bisschen, aber die

ätherischen Öle der Knolle sind toll: Sie entfalten einen kühlenden Effekt auf der Haut, es juckt weniger. Zudem wirken die Schwefelverbindungen in der Zwiebel antibiotisch (wichtig, weil bei einem Insektenstich viele Keime in die Haut wandern) und entzündungshemmend.

- **Der Anti-Spuck-Punkt**
  Die Chinesen drücken ihn schon seit Jahrtausenden: den Neiguan-Akupressurpunkt. Wenn man die Stelle am Arm massiert, soll Reiseübelkeit wie weggeblasen sein. Was für ein Segen, denn es ist ja nichts schlimmer, als wenn dem Kind beim Autofahren immer kotzübel wird. Da drücke und presse ich lieber ein wenig, und das Kind hat eine schöne Reise (und alle anderen Familienmitglieder auch). Ein bis zwei Stunden vor der Abfahrt sollte man damit beginnen, im Halbstundentakt den Neiguan-Punkt zu massieren. Man findet ihn hier: Das Handgelenk beugen, sodass man deutlich die zwei Sehnen sehen kann, die vom Unterarm in die Hand führen. Auf diesen beiden Sehnen wandert man nun zwei Daumenbreit Richtung Ellbeuge. Dort ist der Neiguan-Punkt. Nun mittelfest mit Mittel- und Zeigefinger im Uhrzeigersinn massieren, etwa eine Minute lang pro Seite. Hilft (meistens!).
- **Der Löschblatttrick gegen Nasenbluten**
  Eigentlich total retro, so ein Löschblatt! Doch es will nicht nur Tintenkleckse aufsaugen oder in Kugelform mit einem Gummi durch das Klassenzimmer geschnalzt werden, sondern es kann auch bei Nasenbluten helfen. Ja, wirklich! Hört die Nase nämlich einfach nicht auf zu bluten, einfach ein Stückchen Löschblatt (etwa 1 mal 4 Zentimeter) zurechtschneiden und es oben zwischen die Oberlippe und die Schneidezähne legen. Die Saugkraft

des Blattes löst einen Reiz aus, durch den sich die kleinen Blutgefäße im Bereich der Riechschleimhaut zusammenziehen. Wenn die Verletzung in der Nase nicht allzu schlimm ist, hört sie oft zu tropfen auf.

DINGE, DIE DAFÜR SORGEN, DASS ALLES WIEDER GUT IST

Für Katastrophentage, in Alle-sind-so-gemein-zu-mir-Momenten oder bei akutem Trotzanfall-Hangover braucht man sie unbedingt: kleine Tröst-Tricks, die alles andere vergessen machen. Achtung, prinzipienfreie Zone! Hier kommt, was wirklich wirkt:

- in Mamas und Papas Bett einschlafen dürfen;
- schöne Pflaster drauf (und zwar ziemlich egal, wohin – dafür muss keine echte Verletzung her);
- Schokoladen- und Käsekucheneis (kühlt auch super Mamas Nerven);
- hohes Hüpfen auf Couch, Bett oder Trampolin – rückt alles wieder ein bisschen zurecht;
- «Pippi Langstrumpf» gucken (schließlich hat das stärkste Mädchen der Welt für jedes Schlamassel einen Geheimkniff auf Lager);
- wildes Tanzen, am besten verbunden mit:
- Eltern-Slapstick (wenn Mama und Papa sich zu Vollhorsts machen, ist das immer ein Knaller);
- der Geruch von warmem Hefezopf, mmmmmhh!;
- Babyfotos angucken;
- Ketchup mit Pommes;
- Kissenschlacht mit Kitzeln;
- Brüllen, alle gemeinsam, und so laut es geht – was raus muss, muss raus;
- sich gegenseitig Bilder auf den Rücken malen und erraten;
- Pizza, geliefert statt selbst gemacht und direkt aus dem Karton.

SPIELEN

Bevor man selbst Kinder hat, stellt man sich das Spielen mit ihnen sehr romantisch vor. Im Geiste sieht man sich mit den selig lächelnden Kleinen neben der Holzeisenbahn sitzen, ab und an nach Apfelschnitzen greifend. Gemeinsam friedlich in Mal- und Bastelarbeiten versunken. Abends, im Schein des Kaminfeuers, scherzend um ein Brettspiel versammelt. Oder die Geschwister stundenlang allein und in völligem Einklang am Lego-Bausatz tüftelnd, ohne dass man etwas von ihnen mitbekommen würde. So ist das auch. Manchmal. Aber noch manchmaler, um genau zu sein, verdammt häufig, ist es anders. Da sind die Kinder zum Beispiel unbarmherzige Bestimmer, die den anderen diktieren, was sie beim Vater-Mutter-Kind-Spielen zu sagen und zu tun haben. Was wiederum dazu führt, dass sich alle ordentlich in die Haare bekommen, und das leider nicht nur im übertragenen Sinne. Was wiederum dazu führt, dass man sie natürlich nicht alleine lassen kann. Was wiederum – ach, kürzen wir es ab: Irgendwas findet sich immer. Das Ganze endet meist damit, dass überall sehr schlimmes Chaos herrscht und sämtliche Beteiligten recht erschöpft sind. Allerdings auch das Gefühl haben, dass das alles zu irgendwas gut war. Ein Spielnachmittag ist eben keine Pilcher-Verfilmung. Was da stattfindet, ist echtes, mal raues, mal sehr vergnügtes Leben. Aber genau das wollen wir ja alle miteinander üben.

WANN KINDER AM ALLERSCHÖNSTEN SPIELEN

Kinder können ja bekanntlich riechen, wenn Eltern es eilig haben. Oder etwas besonders Wichtiges zu erledigen. Oder einfach nur andere Pläne. Und es ist ziemlich klar, was sie dann tun (nein, nicht Rücksicht nehmen, lustiger Gedanke) – zum Beispiel plötzlich so wundervoll und selbstvergessen spielen, dass man sich für all seine Einwände ein bisschen schämt.

- Wenn man sie gleich zu einem sehr dringenden Termin mitnehmen muss.
- Wenn sie bei anderen Kindern zu Besuch sind und Mama angekündigt hat, dass sie in fünf Minuten nach Hause möchte (siehe Seite 144, «Womit Kinder den Abschied hinauszögern, wenn man sie irgendwo abholen will»).
- Wenn andere Kinder bei ihnen zu Besuch sind, deren Eltern in fünf Minuten los wollen.
- Frühmorgens, nachdem sie mehrfach sichergestellt haben, dass alle anderen Familienmitglieder wach sind.
- Spätabends, wenn der Wecker am nächsten Tag besonders zeitig klingelt.
- Wenn das, was sie tun, dauerhafte Schäden auf Parkett, Möbeln oder an Wänden hinterlässt
- … oder so laut ist, dass Opa lieber das Hörgerät ausschaltet.
- Wenn das, womit sie spielen, maximal schäumt oder staubt.
- Wenn es irgendwas mit Wasser (noch besser: Matsch!) zu tun hat.
- Wenn Mama bei dem, was sie spielen, auf Anhieb mindestens drei Möglichkeiten einfallen, wie sie sich schlimm verletzen könnten.

DIE BEKNACKTESTEN HELDENFIGUREN FÜR KINDER

Neben vielen Dingen, denen man als helikopternde Mutter viel zu viel Bedeutung zuschreibt, gibt es leider auch ein paar, die man völlig unterschätzt. Weil sie sich vermeintlich harmlos und ganz langsam ins Familienleben schleichen. Dann sind sie auf einmal da, gehen nicht mehr weg und nerven. Zum Beispiel Kinderbuch- und Filmfiguren. Was die Kleinen innigst lieben, kann den Großen nach unzähligen Abenteuern samt zugehöriger Merchandising-Palette (an der man sich wie ein Koabhängiger dennoch dankbar bedient) mächtig auf den Zeiger gehen. Ein sehr persönliches Kabinett des Grauens.

- **Bobo Siebenschläfer**
  Wer das ist: ein sprechendes Siebenschläfer-Junges, das mit seinen Eltern den allerspießigsten Menschenalltag lebt, den man sich vorstellen kann.
  Was er so macht: sehr banale Dinge. Mit seiner Mama einkaufen gehen, das Haus putzen oder den Opa im Krankenhaus besuchen. Am Ende jeder Geschichte ist Bobo davon jeweils so erschöpft, dass er auf der Stelle einschlafen muss. Erzählt wird das in Sätzen, die klingen, als ob jemand Schimpansen das Sprechen beibringen möchte.
  Was daran nervt: Im Vergleich zu allem, was später (und auf den kommenden Seiten) folgt, ist Bobo harmlos. Seine Erlebnisse sind nicht irgendwie bedenklich, nur einfach so unfassbar öde, dass Mama und Papa beim Vorlesen oder Angucken spätestens am Ende jeder Episode gemeinsam mit Bobo einschlummern wollen.

- **Conni**

  Wer das ist: ein blitzgescheites blondes Mädchen mit Schleife im Haar (worauf der pfiffige Jingle am Anfang jeder Hörspiel-Folge «Conni, die ist einfach wun-der-bar» reimt)
  Was sie so macht: alles. Und das auch noch richtig, richtig toll. Conni kann spitzenmäßig Fahrrad fahren, reiten und schwimmen. Sie übernachtet schon ganz alleine bei ihrer Freundin Julia und weiß, dass man immer gleich sagen soll, was einen bedrückt. Oder dass man ein Baby nicht einfach weggeben kann, wenn es mal stört. Stattdessen ist sie ihrer Mama nach der Geburt des Bruders lieber «eine große Hilfe».
  Was daran nervt: das ständige Rumgeschlaumeiere. Conni ist eine Streberin im Kindsein, und das wird mit der Zeit wirklich ein bisschen eklig. Besonders perfide: Conni wächst mit den eigenen Kindern mit, ihre Abenteuer gibt es mittlerweile für alle möglichen Altersgruppen, das kann Eltern mitunter nachts sehr schlecht schlafen lassen (siehe Seite 146, «Conni-Titel des Grauens»).

- **Bob der Baumeister**

  Wer das ist: ein stets gut gelaunter und irre geduldiger Bauarbeiter mit Blaumann und Werkzeuggürtel.
  Was er so macht: in Bauheim und Hochhausen alles Mögliche bauen oder reparieren. Und nebenbei seinem begriffsstutzigen Lehrling sowie seinen kulleräugigen Baumaschinen neunmalkluge Ratschläge erteilen – fürs Handwerken und fürs Leben im Allgemeinen.
  Was daran nervt: ganz besonders sein markiger Leitspruch «Yo, wir schaffen das!», den Kinder blitzschnell übernehmen und sich dann wie abgehalfterte Motivationstrainer anhören.

- **Prinzessin Lillifee**
  Wer das ist: eine sehr pinke Blumenfee, häufig begleitet von einem ebenfalls rosafarbenen Schwein, das Pupsi heißt, was leider kein Witz ist.
  Was sie so macht: glitzern. Rosa sein. Und sonst noch ein bisschen Sterne illuminieren, Blumen wach küssen, Einhorn-Pflege.
  Was daran nervt: zuallererst die beschränkte Farbpalette. Aber auch der Eindruck, dass zwischen Lillifees Ohren außer ein bisschen Feenstaubgewirbel nicht so richtig viel los ist. Dann doch lieber Conni als Vorbild ...
- **Feuerwehrmann Sam**
  Wer das ist: ein überpatenter Feuerwehrmann aus der kleinen Küstenstadt Pontypandy.
  Was er so macht: die Einwohner seines Ortes aus heiklen Situationen retten, in die sie sich ein ums andere Mal hineinschlamasseln.
  Was daran nervt: das haarsträubende Geschehen. Feuer, Überschwemmung, Explosion – alle naselang passiert was in der Kleinstadt, und das immer bei den gleichen Leuten. Dieses beschränkte Serienpersonal, das ständig am Rumzündeln ist oder sich sonst wie in Gefahr bringt, ist einfach schwer zu ertragen.
- **Mia**
  Wer das ist: ein echtes, also nicht animiertes Mädchen, das sich in der Fernsehserie «Mia and me» mit Hilfe eines magischen Armreifs als Elfe in das Zeichentrick-Fabelland Centopia beamen kann.
  Was sie so macht: Dort ist es vom Setting und Geschehen her ein bisschen wie bei Lillifee (Einhörner, Zauberwesen und so weiter), nur dass Mia nicht dieses Pausbäckige hat,

sondern eher die Figur von Barbie. Und ihr Outfit wahrscheinlich aus einem Elfenporno stammt.

Was daran nervt: das penetrant Angesexte – die knappen Röckchen, der scharfe Prinz, der den Elfen-Mädels schöne Augen macht. Und zum Einschlafen soll man den Kindern dann «Fifty Shades of Grey» vorlesen, oder wie?

- **Elsa, die Eiskönigin**

Wer das ist: die Titelfigur des Disney-Superduperübererfolgsfilms «Frozen».

Was sie so macht: mittels einer seltenen Gabe Eis und Schnee zaubern, schmachtend Musical-Hits schmettern und mit ihrer Schwester Anna wie irre auf der gesamten Disney-Gefühlsklaviatur herumhüpfen, bis einem vom Zuschauen ganz schwummerig wird.

Was daran nervt: die alles umfassende Marketingmaschinerie. Ist das Kind erst mal angefixt, will es am liebsten alles mit Elsa drauf haben. Und das Schlimme ist: Es gibt tatsächlich alles mit Elsa drauf. Zahnpasta, Unterhosen, Schulranzen, Fahrräder, Bettwäsche. Was man der Eiskönigin immerhin zugutehalten muss: Sie hat ganz nebenbei geschafft, wovon Genderwissenschaftler nur nachts zu träumen wagten – den Lieblingsfarbenkompass einer kompletten Kleinmädchengeneration umzuorden. Für die gilt jetzt nämlich nicht mehr Rosa als Ultimum, sondern Blau. Natürlich in der Nuance von Elsas Kleid.

WO SICH LEGOSTEINE UND PLAYMOBILTEILE VERSTECKEN

Dieser längliche rote Stein aus dem Helikopter-Bauset, das kleine Playmobil-Ritterschwert oder die Pferdestall-Tür: irgendwas ist immer gerade verschwunden. Taucht aber höchstwahrscheinlich an einem der folgenden Orte wieder auf:

- im Duschablauf,
- in Kissenhüllen,
- zwischen Mamas und Papas Matratzen,
- in der Sofaritze,
- in Parkettfugen,
- in Heizkörperverkleidungen,
- im Staubsaugerbeutel,
- im Dichtungsring der Waschmaschine,
- in bereits lange im Flur herumstehenden Gummistiefeln und Wanderschuhen,
- in umgeschlagenen Hosenbeinen,
- unter den Fußmatten im Auto,
- in den Falten des Buggy-Sonnendachs,
- in Mamas Unterwäscheschublade,
- in Backformen,
- im Zeitungsständer,
- in Blumenübertöpfen,
- in der Weihnachtskrippe.

WIE SICH ELTERN
AUF DEM SPIELPLATZ
NICHT LANGWEILEN

In der allerersten Zeit wollen sie einen ja noch ganz nah dabeihaben: zum gemeinsamen Sandkuchenbacken, zum Hochheben, Auffangen, Anschubsen, Dreirad verteidigen. Doch dann ist man den eigenen Kindern irgendwann egal und darf alle halbe Stunde höchstens mal eine Trinkflasche oder ein Taschentuch reichen. Ansonsten steht oder sitzt man halt so am Spielplatzrand rum. Eine perfekte Gelegenheit, um

- … mit sich selbst Spielplatz-Bingo zu spielen («Nicht mit Sand werfen!» – check, «Die Mütze bleibt auf!» – check, «Aber nach dem Schaukeln gehen wir!» – check);
- … oder Eltern-Kind-Memory (Welches Kind läuft gleich zu welchem Elternteil? Dieser kleine Triumph, wenn sich beknackte Vorurteile lustigerweise bestätigen!);
- … zu telefonieren (Kommt man ja sonst nicht wirklich dazu, natürlich mit Kopfhörern, dann bleiben die Hände für Kletterhilfestellungen frei);
- … sich mal ein paar Minuten am Stück (!) Gedanken zu irgendwas Bestimmtem zu machen (Wohin will ich in den nächsten Urlaub? Mag ich meinen Job eigentlich noch? Schimpfe ich zu oft?);
- … Anschaffungen zu planen (Welcher von den vielen Rollern am Sandkastenrand macht den solidesten Ein-

druck? Von welcher Marke ist diese zauberhafte Jacke, die das kleine blonde Mädchen trägt – mal unauffällig drum rumscharwenzeln. Und was könnte man sich von den Muttis auf der Bank styletechnisch noch so abschauen?);

- … Fotos zu schießen (weil Kinder in Aktion einfach immer besser aussehen als drapiert auf der Couch);
- … sich Besuch zu bestellen (finden kinderlose Freunde erstaunlicherweise «lustig» oder «abenteuerlich» – und bringen vielleicht sogar Eis oder Kaffee mit);
- … Sport zu machen (also Beckenbodenübungen, die perfekte Gelegenheit, sieht ja keiner);
- … etwas zu essen (drei Schokokekse und danach noch ein Croissant verdrücken – die einzigen Minuten des Tages, in denen das keiner mitbekommt und sich beschwert);
- … endlich mal die Handtasche aufzuräumen (Müll aussortieren, Krümel rausschütteln, alles wieder hübsch einordnen – fühlt sich so gut an wie ein kompletter Hausputz).

GASTLISTE
→ www.worldofmencraft.com

**WARUM ELTERN
MIT IHREN KINDERN UNBEDINGT
COMPUTER SPIELEN SOLLTEN**

Online-Games zocken, coden, in virtuelle Welten abtauchen – nee, bloß weg damit, ist die Reaktion vieler Eltern. Nicht so die von Maximilian Gaub. Mit seinen beiden Söhnen probiert er all das schön gemeinsam aus. Und versucht auf seinem Blog «World of Mencraft» herauszufinden, welche Kompetenzen Kinder für ihre digitale Zukunft brauchen. Viele davon trainieren sie zum Beispiel durch Computerspiele.

- Wenn meine Söhne mit Freunden gegen fünf Fremde beim Basis-gegen-Basis-Strategie-Action-Spiel «League of Legends» spielen, üben sie im Sekundentakt, in der Gruppe Entscheidungen zu treffen. Eine wichtige Metakompetenz der Zukunft.
- In Games wie dem Strategie-Klassiker mit historischem Kontext «Civilization», eine Art gigantisches Siedler-von-Catan, lernen Spieler, wie sie ein kompliziertes System managen – und können nur reüssieren, wenn sie sich ein Ziel setzen und dieses konsequent verfolgen.

- In kooperativen Spielen gegen die Künstliche Intelligenz wie beim Fußball-Spiel «FIFA 17» üben mein Sohn und ich Teamplay – manchmal schön erfolglos. Schön, weil wir so Krisenkommunikation üben. Auch manchmal erfolglos.
- Apropos gemeinsames digitales Game (vier Köche kochen gemeinsam gegen den Zeitdruck hungriger Gäste bei «Overcooked»): Es ist die Fortsetzung des Brettspiel-Abends. Mit dem Unterschied, dass danach niemand das Spiel aufräumen muss.
- Digitale Sandkästen wie «Minecraft» sind das Lego unserer Zeit – die Spieler bauen Häuser, Städte, Achterbahnen. Oder ein Achterbahnhaus. Oder eine Stadt aus Achterbahnhäusern. Denn was bleibt uns, wenn in Zukunft Computer unsere Arbeit übernehmen? Eben. Kreativität.
- Games wie das Alltagsspiel «The Sims» geben uns die Option, neue Perspektiven zu entwickeln. Wer Vaters oder Mutters Vormittag nachspielt, merkt: Das ist anstrengend! Und sieht so über den eigenen Horizont hinaus.
- Mit Software wie dem Rollenspiel-Werkzeugkasten «RPG-Maker» (ein Role Playing Game) basteln wir eigene digitale Spiele – wir lernen dabei, Geschichten zu erzählen oder ein mathematisch basiertes Kampfsystem zu entwickeln. Und merken, wie schwer es ist, ein gutes Spiel zu erfinden.
- Mit der Digitalisierung werden wir alle lebenslang lernen. Und wie lernt man am besten? Spielerisch.

WIE MAN KINDER
ZUM AUFRÄUMEN BRINGT

Was ungefähr eine genauso glaubwürdige Headline ist wie «Wie Sie in einem Monat eine Million Euro verdienen» oder «Wie Ihr Kind nie wieder krank wird». Aber man kann's ja zumindest mal wieder versuchen! Zum Beispiel hiermit.

- **Verhandeln:** Mit Kindern ist es wie mit Businesspartnern. Sie wollen ernst genommen werden und zumindest einen Teil ihrer Forderungen durchsetzen, dann sind sie kooperationsbereit. Zu Beginn des großen Reinemachens gibt es also einen Deal: Was ist ihnen besonders wichtig und darf bleiben, was nicht?
- **Stückeln:** «Jetzt sortiert ihr hier mal das ganze Chaos auseinander» bedeutet für kleine Kinder die komplette Überforderung. Das Räumkommando lieber in ganz kleinen Schritten organisieren: zuerst die Bausteine in die Tonne, danach alle Bücher ins Regal, dann die Puppenkleider in die Kiste.
- **Tanzen:** Weil mit Musik einfach alles leichter geht. Der schöne Nebeneffekt, wenn man die Anlage ganz laut aufdreht: Man hört das Gemecker nicht so laut.
- **Loben:** Anerkennung und Applaus den Ordentlichen und der Ordnung an sich. «Habt ihr heute phantastisch aufgeräumt! Hier ist es ja wieder total gemütlich!» Spornt an.

- **Vormachen:** Wenn die Eltern selbst im Rest der Wohnung einen Schlamperladen am Start haben, werden sie im Kinderzimmer kaum irgendwas anderes durchsetzen können. Eh klar.
- **Spielen:** Entweder mit einem Zahlenwürfel ausknobeln, wer wie viele Teile wegräumen muss, oder einen Farbenwürfel entscheiden lassen, ob als Nächstes alle blauen, grünen oder gelben Spielsachen versorgt werden.
- **Rumchefen:** Einer ist der Bestimmer und darf sich ausdenken, wer was tun soll. Ist das erledigt, kommt der Nächste an die Reihe.
- **Geheimniskrämern:** «Ich gehe jetzt mal raus, und in zehn Minuten schaue ich wieder, was ihr bis dahin ganz alleine geschafft habt.» Klingt verzweifelt, funktioniert aber manchmal erstaunlich gut.
- **Bestechen:** Der Klassiker, für Eltern besser mit ihrem pädagogischen Gewissen zu vereinbaren, wenn es eher klingt wie: «Wenn wir jetzt ganz schnell aufräumen, bleibt mehr Zeit fürs Vorlesen / Hörspielhören / Fernsehgucken.»
- **Drohen:** Mittel der letzten Wahl, aber nicht minder wirksam. Zum Beispiel: «In fünf Minuten starte ich hier den Saugroboter. Räumt lieber auf, was ihr noch behalten wollt.»

WOMIT KINDER DEN ABSCHIED HINAUSZÖGERN, WENN MAN SIE IRGENDWO ABHOLEN WILL

Alles hat ein Ende, nur das Playdate hat keins – so lautet eine gängige Mama-Weisheit. Denn am schönsten und friedlichsten spielen die Kleinen natürlich, wenn die Zeit dafür eigentlich zu Ende ist, man sie irgendwo abholen möchte oder der Nachmittagsbesuch dringend nach Hause muss (siehe Seite 132, «Wann Kinder am allerschönsten spielen»). Die gewiefte Mutter beginnt deshalb meist bereits gegen halb vier anzukündigen, dass man jetzt langsam mal zusammenräumen könnte. Denn sie weiß: Die folgende Liste ist in den kommenden Stunden komplett der Reihe nach und nicht etwa wahlweise abzuarbeiten.

- Die Kinder verkünden, noch eine Vorführung geplant zu haben (die umso länger geht, je mehr Applaus es gibt).
- Sie wollen beieinander übernachten (un-be-dingt heute, nicht am Wochenende).
- Oder wenigstens noch zusammen abendessen (bitte, bitte, Mama).
- Sie finden ihre Schuhe / Socken / Lieblingsfillypferdchen / Fußballsammelkarten nicht (und vergessen zwischendurch immer wieder, was sie eigentlich suchen).

- Sie wollen sich gegenseitig irgendwas leihen (das sie aber auch erst noch finden müssen).
- Sie wollen dem anderen Kind ein Abschiedsgeschenk machen (von dem sie sich dann nur seeehr schwer trennen können).
- Sie müssen unbedingt noch mal aufs Klo (mit vollem Programm).
- Sie sind schlagartig so müde, dass sie sich nicht mehr alleine anziehen können (und sich endlich von Mama die Treppe runterschleifen lassen).

«CONNI»-TITEL
DES GRAUENS

Auf Conni, das schlaumeiernde Bilderbuch-Gör mit der Schleife im Haar, bin ich nicht gut zu sprechen. Aus Gründen (siehe Seite 133, «Die beknacktesten Heldenfiguren für Kinder»). Lange Zeit habe ich mir eingeredet, dass es bestimmt «nur eine Phase ist». Dass es bald wieder weggeht, dieses naseweise Mädchen. Wie Streptokokken, Halloween oder andere lästige Dinge, die einen im Familienalltag eben zeitweise begleiten. Bis ich schlagartig begriff, wie naiv diese Hoffnung war. Denn Conni entwickelt sich gemeinsam mit dem eigenen Nachwuchs weiter: Es gibt ihre Banalabenteuer nicht nur für ganz Kleine, sondern mittlerweile auch für Schulkinder. Da geht es dann nicht mehr ums Fahrradfahren und Pizzabacken, sondern um Liebesbriefe und Klassenfahrten. Seit ich das weiß, wache ich nachts manchmal schweißgebadet auf und frage mich, ob uns Fräulein Neunmalklug wirklich für IMMER begleiten wird. Und dann fallen mir solche Titel ein:

- Conni lernt Knutschen
- Conni bekommt ihre Periode
- Conni braucht einen BH
- Conni hasst Mama. Und Papa. Und Julia
- Conni und der Filmriss
- Connis erste Nacht im Berghain
- Conni und die Pille danach
- Conni und die Castingshow
- Conni fährt Auto
- Conni bekommt ein Tattoo
- Conni entdeckt Tinder

- Connis erster YouTube-Channel
- Conni lernt kiffen
- Conni zieht aus
- Conni wird Veganerin
- Conni und das entzündete Piercing
- Conni und der Ladendetektiv
- Conni und der Ferienclub-Animateur
- Conni brennt durch
- Conni schmeißt die Schule
- Conni wird Groupie
- Connis erster Dreier
- #conni als Influencerin
- Conni wird Mama

FEIERN

Das Wort «Feiern» ist einer jener Begriffe, der für Eltern nach der Geburt ihrer Kinder eine völlig neue Bedeutung bekommt. Es heißt nun nicht mehr so viel wie «sich durch eine wilde Abfolge von Clubs tanzen, im Morgengrauen nach Hause torkeln und den kompletten nächsten Tag der Erholung auf der Couch widmen». Dieses Ekstatische, Ausschweifende haben fortan nur noch Kindergeburtstagspartys. Gleichzeitig aber bekommen viele Feste mit Kindern einen ganz neuen Glanz, ja ergeben überhaupt erst richtig Sinn: Ostern, Sankt Martin, Nikolaus, Weihnachten – all diese Feiertage werden so viel größer und verheißungsvoller, wenn man sie für kleine Menschen mit staunenden Augen und schokoverschmierten Mündern inszeniert. Wobei hier genau wie für das Thema «Spielen mit Kindern» gilt, dass die romantische Theorie meist ein ordentliches Stück von der gelebten Praxis entfernt liegt: Wenn der Dreijährige zum Beispiel nicht andächtig von Martin und dem geteilten Mantel singt, sondern in einem unbremsbaren Wutanfall seine Laterne zerschmettert, weil das Licht darin immer ausgeht. Oder wenn Mama vor einem riesigen Plätzchenteighaufen alleine in der Küche sitzt, weil die Kleinen lieber an der Piratenburg weiterbauen. Egal, einfach nehmen, wie es kommt. Früher war das Feiern ja schließlich auch nicht planbar. Und trotzdem großartig.

GESCHENKE, DIE ELTERN BEREUEN

Von guten Ideen, was man Kindern zum Geburtstag oder zu Weihnachten schenken könnte, liest man ja zuhauf. Aber gibt es eigentlich auch nicht so supertolle? Oh ja! Zum Beispiel

- ... der 3000-Stück-Beutel Bügelperlen (von denen mindestens 2500 bald in Parkettfugen, Sofaritzen und Schuhsohlenprofilen verschwinden);
- ... die Flöte aus Plastik, die so unempfindlich ist, dass man IMMER auf ihr spielen kann (in der Badewanne, im Schnee, mit Keksürümeln im Mund);
- ... die Puppe, die Pipi machen kann, wenn man ihr Wasser gibt (und die am zweiten Tag anfängt, säuerlich zu riechen, weil irgendjemand Milch reingeschüttet hat);
- ... sämtliche Kinder-CDs, deren Titel den Terminus «größte Hits» beinhalten (inklusive der Abwandlungen «Hitparade», «Hits für Kids» etc.);
- ... das Frettchen als Haustier, das so wahnsinnig putzig schauen kann (aber leider auch so wahnsinnig stinkt);
- ... das Stempelkissen, das auch auf Plastik, Holz und Stoff druckt (waschecht, natürlich);
- ... alles, was Tatütata macht oder sonstige Geräusche von sich gibt (und keine leicht zugängliche Klappe zum Batterienentnehmen hat);

- … die Knetmaschine, die so tolle kleine Kügelchen und Würste formt (die bald sämtliche Zwischenräume abdichten, in denen nicht bereits Bügelperlen stecken, siehe Punkt eins);
- … das Holzschwert, das im Laden so wunderbar massiv aussah (aber eben auch massive Spuren hinterlässt – an Möbelstücken und Kindern gleichermaßen);
- … das Kinder-Mikro mit Lautstärkeregler (vor allem in Verbindung mit der «Hits»-CD, siehe Punkt vier).

PARTYPLANER:
DER FAMILIEN-FEIERMARATHON

So viel los hier auf einmal! Mit Kind werden die Feiertage, Partyanlässe und Bescherungsgründe andere, genau genommen aber viel mehr! Die wichtigsten Neuzugänge im Festkalender, von Schwangerschaft bis Schulzeit.

- **Babyshower:** Ausgerichtet von champagnerseligen Freundinnen der werdenden Mutter wenige Wochen vor der Geburt. Alles wird entweder sehr rosa oder sehr hellblau dekoriert, und nach wenigen Minuten sind alle sehr betrunken. Außer der Schwangeren natürlich, die bekommt ein Stück Windeltorte.
- **Pinkelparty:** Damit auch Papa nicht zu kurz kommt, darf er für seine Kumpels nach der Geburt eine bis viele Runden schmeißen. Was dem Säugling symbolisch beim Wasserlassen helfen soll. Wie fürsorglich.
- **Abstillparty:** und jetzt noch die Mama. Die sich nach den vielen Monaten Alkoholabstinenz so sehr gefreut hat, endlich mal wieder einen draufzumachen. Sich dann aber nach einem halben Glas Gin Tonic fühlt wie David Hasselhoff beim Burgersnack.
- **Sankt Martin aka Laternenlauf:** Jedes Jahr im November, von Krippen- bis Schulzeit. Und jedes Mal wieder die Frage: Wo haben wir diese verdammten Stäbe hingeräumt?

- **Schnullerfee:** Taucht je nach Abhängigkeitsgrad des Kindes und Motivation der Eltern zwischen dem zweiten und vierten Lebensjahr auf und tauscht abgenuckelte Schnuller gegen Geschenke ein. Ein Suchtentwöhnungs-Konzept, das erstaunlich gut funktioniert (weshalb man sich natürlich fragen kann, warum es für Erwachsene keine Nussnougatschokoladen- oder Zigarettenfee gibt).
- **Zahnfee:** Kollegin der Schnullerfee, schwebt bei ausgefallenen Milchzähnen mit tollen Überraschungen herbei, allerdings in den meisten Familien nur nach dem ersten Zahn (nach und nach ein komplettes Gebiss abzufeiern ist einfach zu ambitioniert).
- **Muttertag/Vatertag:** Darf man jetzt endlich selbst feiern! Und brave Kinder erwarten, die einem jeden Wunsch von den Augen ablesen. Zumindest, bis sie beim Frühstückmachen die Küche unter Wasser gesetzt haben.
- **Erster April:** Die Verschaukelungstradition finden nicht nur Lokalzeitungen spitze, sondern auch Kinder im Witzeerfindalter, die dann den ganzen Tag über an einem (manchmal etwas schleppenden) Gagfeuerwerk feilen.
- **Erster Mai:** War früher einfach der Tag, an dem man nicht zur Arbeit musste, sondern bis abends auf der Couch liegen und Fernsehschauen konnte. Jetzt ist er der Tag der Familienwanderungen und Großgruppenradtouren.
- **Halloween:** Kann man ohne Kinder aus guten Gründen bescheuert finden. Aber dem eigenen Nachwuchs klarmachen, dass er schön zu Hause bleiben soll, während die Nachbarskinder im Viertel schubkarrenweise Süßigkeiten einsammeln? Viel Spaß.
- **Erster Dezember:** Wenn man sie ließe, würden Kinder wahrscheinlich in den letzten Novembertagen vor ih-

rem Adventskalender campen wie iPhone-Verrückte bei einem Verkaufsstart vor dem Apple-Store. Am 1.12. um Punkt sechs Uhr morgens geht dann die große Party los – es darf geöffnet werden!

- **Einschulung:** Für Kinder und Eltern gleichermaßen megawahnsinnsaufregend, weshalb es ganz gut ist, dass beide Seiten über Monate hinweg behutsam darauf vorbereitet werden (Vorschule, Schulanmeldung, Schulranzenkaufen ...).
- **Letzter Tag vor den Ferien:** Zeugnisse angucken, essen gehen, lange aufbleiben, sich in Urlaubsvorfreude reinsteigern, große Pläne schmieden – absoluter Familienrituale-Tag.

WORAN MAN MÜTTER BEIM AUSGEHEN ERKENNT

Einfach mal wieder einen Abend genauso wie früher verbringen, eine von vielen sein und gleichzeitig nur sie selbst – das wollen Mütter, sobald sie dem Babysitter tschüs gesagt haben, um richtig einen draufzumachen. Doch da schwebt ein großes M über ihrem Kopf ...

- Sie parken ihre Fahrräder mit Kindersitz direkt vor der Bar / dem Club (falls sie plötzlich schnell wegmüssen).
- Sie haben ihr Handy vor sich auf dem Tisch liegen (oder in der Hosentasche / in der Hand / im Stiefel stecken – irgendwo jedenfalls, wo sie es sofort hören würden, falls sich der Babysitter meldet).
- Sie tragen sehr roten Lippenstift und / oder sehr roten Nagellack (beides soll von den sehr dunklen Augenringen ablenken).
- Auch outfittechnisch geben sie alles, manchmal ein bisschen zu viel: Heute hat Freigang, was der Spielplatz nie zu sehen bekommt.
- Die Haare sind zum schlichten Mutti-Dutt gezwirbelt (so fällt am wenigsten auf, dass man es schon viel zu lange nicht mehr zum Friseur geschafft hat).
- Sie starten mit einem Espresso. Einem doppelten.
- Und trinken dann gemäßigt, aber hochpreisig weiter (ihr Budget können sie sowieso nicht ausschöpfen, bevor sie an die selbst auferlegte Promillegrenze stoßen).
- Nach einem Glas Champagner erzählen sie jedem, dass sie einen unglaublichen Rausch im Kopf haben.

- Und nach einer Zigarette wird ihnen schlecht.
- Bis ungefähr halb elf geben sie jedem um sich herum das Gefühl, dass das hier die Party des Jahres wird. Die eine Nacht, in der alles möglich ist! Aber dann müssen sie sich plötzlich ganz schnell verabschieden, weil sie fast im Sitzen einschlafen.

DIE GRÖSSTEN
WEIHNACHTSFLUNKEREIEN

Bratapfelduft, Glöckchenklingeln – und ganz viel schöner Schein: Das ist Weihnachten. Familienfriedenrettendes Schummeln unterm Baum ausdrücklich erlaubt.

- JETZT steht er gerade!
- Dieses Jahr bloß was Kleines.
- Ich hab's eben noch wegfliegen sehen.
- Das hast du wirklich selbst gebastelt? Wunderschön.
- Ach, toll. Ein Gutschein.
- Für mich bitte nicht so viel.
- Dieses Jahr lassen wir's mal ruhig angehen.
- Das Christkind weiß wahrscheinlich nicht, wo es Barbies / Batman-Figuren zu kaufen gibt.
- Eigentlich bräuchte es so viel Aufwand ja gar nicht.
- Stille Nacht.

SO ÜBERLEBEN ELTERN EINEN KINDERGEBURTSTAG

Kindergeburtstage sind der Wahnsinn. Im glückstaumelnden, zuckeraufgepeitschten Sinne für die Kleinen. Auf nervenzehrende, wohnungszerstörende Art und Weise für ihre Eltern. Es sei denn, sie halten sich penibel genau an die goldenen Feier-Regeln.

- **Die Gäste-Schar begrenzen.** Und zwar auf die Anzahl der Jahre, die das Geburtstagskind alt wird. Als Überforderungsvorbeugung für Kleine UND Große.
- **Ein genaues Veranstaltungsende kommunizieren.** Am besten gleich auf die Einladungskarte schreiben – man muss schließlich sein Ziel kennen.
- **Den Party-Marathon entzerren.** Frühmorgens mit Mama und Papa feiern, danach im Kindergarten oder in der Schule, dann kommen Oma und Opa vorbei und danach noch die Freunde? Vielzuvielzuviel. Wenn möglich, nicht am eigentlichen Geburtstag feiern, vor allem, wenn der unter der Woche ist.
- **Jüngere Geschwisterkinder abgeben.** Der große Bruder/die große Schwester bekommt einen Haufen Besuch, Geschenke und die volle Aufmerksamkeit von Mama? Das riecht nach Trotzanfall. Deshalb lieber zur Babysitterin, zu den Nachbarn oder den Großeltern bringen, bevor die

Sause startet. Große Geschwister zum Helfen einspannen.
- **Die anderen Eltern loswerden.** Funktioniert in der Regel ab dem vierten Geburtstag. Heißt: ein Kuchen weniger und während des Topfschlagens nicht auch noch Prosecco nachschenken müssen.
- **Ein Motto wählen.** Klar, über die Overperformer-Moms im Motto-Wahn wird sich gerne lustig gemacht. Aber so ein Thema hält das Chaos auf wundersame Weise zusammen und liefert ein Gerüst, an dem man sich entlanghangeln kann.
- **Trotzdem lockermachen,** nichts übertreiben. Die essenzielle Frage bleibt: Was ist meinem Kind am wichtigsten? In der Regel ist das nicht die exakt abgestimmte Farb-Harmonie zwischen Servietten und Luftschlangen. Vielleicht findet es die Feuerwehr-Becher aus dem Supermarkt sogar toller als die von Mama an langen Abenden handbemalten. Falls Gäste-Anzahl und Feier-Vorstellungen die eigenen Kapazitäten überschreiten:
- **Das Ganze auslagern.** Es gibt inzwischen eine komplette Branche, die unsere Kinder befeiern möchte (siehe Seite 163, «Ideen für den Kindergeburtstag außer Haus»). Sollen die doch ruhig mal machen!
- **Unterstützung engagieren.** Wer glaubt, es alleine mit einer Horde partywütiger Kindergarten- oder Schulkinder unter Zuckerschock aufnehmen zu können, denkt auch, dass man doch zwischen Weihnachten und Silvester schnell mal sieben Kilo abnehmen könnte. Oder dass der nächste Elternabend wahrscheinlich nur ganz kurz dauert.
- **Essen bestellen.** Und nicht parallel auch noch Küchenfee

spielen. Ob Kuchen und Pizza von Mama oder vom Bäcker und vom Lieferdienst sind, merken die Kleinen in ihrer Aufregung gar nicht.
- **Raus zum Auspowern.** Sackhüpfen, Fangen spielen, einen Schatz suchen – egal was, Hauptsache, rennen. Mit runtergedimmtem Adrenalinpegel ist alles, was danach kommt, wesentlich erträglicher.
- **Alles muss haargenau für jedes Kind gleich sein.** Ob Partyhüte, Gewinne oder Mitgebsel. Erspart Geschrei und Schlichtungsverhandlungen im Minutentakt.

IDEEN FÜR DEN KINDERGEBURTSTAG AUSSER HAUS

In meiner eigenen Party-Kindheit war das noch so: Wenn Familien beschlossen, dass man das ganze Feierschlamassel nicht zu Hause haben möchte, hieß das automatisch: Ronald McDonald macht's. Was die eingeladenen Kinder gleichermaßen großartig fanden wie deren Eltern bedenklich. Heute aber gibt es zur externen Kindergeburtstagsabwicklung einen ganzen Wirtschaftszweig, dessen Dienste in Anspruch zu nehmen sich niemand zu schämen braucht (... solange das nicht in Event-Wettrüsten ausartet, dann schon!). Wo man zum Beispiel mal nachfragen kann:

- Schwimmbad
- Hochseilgarten
- Museum
- Zoo
- Indoor-Fußballhalle
- Ponyhof
- Feuerwehr
- Kunstatelier
- Zauberschule
- Trampolinpark
- Kindercafé
- Bauernhof
- Tanzschule
- Burg
- Minigolfanlage

- Kletterhalle
- Planetarium
- Kindertheater
- Bowling-/Kegelbahn
- Verkehrsübungsplatz
- Kochschule
- Flughafen

WIE KINDER LANGWEILIGE FAMILIENFESTE ÜBERSTEHEN

Tante Gerdas 75., die Taufe der kleinen Cousine oder die Sommerhochzeit auf dem Land – was für Erwachsene nach einem tollen Tag klingt, kann für Kleine furchtbar öde sein. Die besten Tricks, um das Laune-Level hoch zu halten.

- **Mit Kinderkoffer anrücken:** Es geht schließlich nichts über die richtige Ausrüstung. Mit einer gut sortierten Kollektion an Bilderbüchern, Brettspielen, Malsachen, Aufziehautos und Puppenzubehör ist man für die kommenden Stunden solide aufgestellt.
- **Auf Fotosafari gehen:** Den Kleinen ein Handy oder eine Kamera in die Hand drücken und mit lustigen Aufgaben losschicken («Drei Leute knipsen, die gerade ein Stück Kuchen im Mund haben» / «Die Frau mit dem schönsten Kleid fotografieren» / «Oma und Opa tanzend auf ein Bild bekommen»).
- **Familienporträt malen lassen:** Ein großes Bild mit allen im Raum Versammelten – aus Kinderperspektive gezeichnet, kann das überaus aufschlussreich sein.
- **Sich ausspionieren lassen:** Echt, Papa hat früher mal ganz lange Haare gehabt und immer nur Fünfer in Mathe? Erzählt zu bekommen, wie ihre Eltern im gleichen Alter so waren, ist für die Kleinen ein großer Spaß (für Mama und Papa natürlich manchmal nicht unbedingt).
- **Verkleiden:** Was so eine ungewohnt üppig gefüllte Garderobe alles hergibt! Mal in den Pelzmantel von Oma

schlüpfen, in die riesigen Stiefel von Opa oder die hohen Hacken der schicken Tante – super Rollenspiel-Equipment.

- **Helfen lassen:** Teller abräumen, Geschenke versorgen, Kuchen verteilen – auf einer Party dringend gebraucht zu werden gefällt Kindern. Besonders, wenn es dafür ein dickes Lob und vielleicht sogar einen kleinen Lohn gibt.
- **Überraschung einplanen:** Immer noch einen Trumpf im Festtagsgewand-Ärmel haben, zum Beispiel einen neuen Rätselblock, ein Pixi-Buch, eine kleine Playmobilfigur.
- **Jemanden mitnehmen:** Auf einer schicken Hochzeit funktioniert das natürlich nicht so gut, auf Opas Grillparty im Garten aber schon – einfach noch einen Freund oder eine Freundin des Kindes mitbringen.
- **Klebe-Tattoos:** Gehen eigentlich immer. Einen so großen Vorrat einplanen, dass gleich noch die Festgesellschaft mit verschönert werden kann.
- **Hörspiel hören:** Am besten natürlich ein nagelneues, lässt sich sogar während der Feier noch auf Mama oder Papas Handy laden.
- **Schlafen lassen:** Irgendwann wollen die Kleinen bei so viel Trubel nur noch eines: ihre Ruhe haben. An Decken, Matten, Schlafsäcke, Kinderwagen fürs Nickerchen denken.

KINDERLIEDER, ZU DENEN AUCH MAMA UND PAPA GERNE TANZEN

Über den Musikgeschmack ihrer Kinder machen sich Eltern von Zeit zu Zeit genauso große Sorgen wie über deren ästhetisches Stilempfinden. Man hat schließlich Fürsorgepflichten, in diverse Richtungen. Was wird bloß aus einem Kind, das zu oft «Schni-Schna-Schnappi» gehört hat?, fragen sie sich. Oder «Rolf Zuckowskis Schulweghitparade»? Aber deutschsprachige Kindermusik kann auch anders klingen. Zum Beispiel wie diese zehn Songs.

- **«Der vergessliche Cowboy»** von den Poncho Ponys. Countrymusik für Kinder – in Maßen erstaunlich gut erträglich, zum Beispiel in Form dieser Wildwest-Schusselanekdote. Schönste Songzeile: «Wie war, wie war das noch? Ich bin ja so vergesslich! Was? Wie? Warum? Wohin? Ach was, ich reite westlich!»
- **«Immer muss ich alles sollen»** von Gisbert zu Knyphausen. Das rotzige Schnauze-voll-Stück ist wie einige andere Titel dieser Liste Teil der tollen Kinderlieder-Sampler «Unter meinem Bett». Schönste Songzeile: «Es fängt ja morgens schon an, ich soll aufstehen, mich waschen, am Frühstückstisch still sitzen, essen, nicht quatschen, die Schuhe an, Jacke und ‹Nein, nicht die gelbe›, ich halt's nicht mehr aus, es ist immer dasselbe.»

- «**Müde**» von Die Gäng. Spezialität der Reggae-Band: herrlich ungestellte Texte direkt aus dem Leben. Wie zum Beispiel in diesem vertonten Bettbring-Marathon. Schönste Songzeile: «Ey, wie jetzt, kurz vor elf? Also, so langsam wird dit frech! Ihr wisst es doch schon selbst, ey Mann ey, wirklich, ab ins Bett!»
- «**Theme from Kommissar Ärmchen**» von Olli Schulz. Die Geschichte vom Kraken mit der Polizistenmarke ist leicht grölig und perfekt zum Abreagieren oder Ratzfatzaufräumen (siehe Seite 142 f., «Wie man Kinder zum Aufräumen bringt»). Schönste Songzeile: «Ist der Hai mal wieder high, hat der Rochen was verbrochen, kommt der Kommissar vorbei, und dann wird kurz streng gesprochen.»
- «**Der Habicht und der Hahn**» von Käptn Peng. Ein bisschen traurig und wunderschön zugleich – die Geschichte vom Hahn, der anstelle der Hühner den Habicht liebte. Schönste Songzeile: «Manche verstehen es halb, manche verstehen es gar nicht. Doch die beiden verschmolzen zu einem wunderschönen Hahnicht.»
- «**Wann sind wir endlich da?**» von Muckemacher. Perfekt für die Fahrt in den Urlaub. Schönste Songzeile: «Papa will schon los, aber Mama sucht noch was, und ich sitz schon im Auto ganz bequem. Hab mich angeschnallt und mit Proviant zugeknallt, winke, winke, ciao, auf Wiedersehen!»
- «**Mücken nerven Leute**» von Laing. Der Sommersong schlechthin, weil so beschwingt (und so wahr). Schönste Songzeile: «Mücken nerven Leute, gestern morgen heute – Ssssssss auf der Suche nach Beute.»
- «**Stadtlied**» von Matthäus Bär. Ein fluffiges Gute-Laune-Lied mit Wiener Schmäh. Schönste Songzeile: «Hoch auf

den Dächern, wo die Wetterhähne krähen, und schon ganz früh sich die Hochbaulastenkräne drehen, da will ich mit dir auf dem höchsten Schornstein stehen».

- **«Quatschmachen und Schlapplachen»** von Das Bo & Co. Ein totaler Blödsinnsstimmungs-Trigger, aber in gut. Schönste Songzeile: «Kuddelmuddel, Schummibummi, Boingboing, Gummiflummi. Wir woll'n Quatsch machen und uns schlapplachen!»
- **«Deine Mudder»** von Deine Freunde. Gerappte Liebeserklärung und ultimative Mutti-Hymne. Schönste Songzeile: «Gib mir nur einen Moment, ich sammle noch ein bisschen Mut. Okay, ich glaub, ich bin bereit: Mama, ich find dich gut.»

ARBEITEN

Als berufstätige Mutter macht man ja so einiges falsch: bleibt zum Beispiel zu lange in der Elternzeit. Oder zu kurz. Steigt danach mit zu vielen Stunden wieder ein. Oder mit deutlich zu wenig. Legt dabei nicht den gleichen Ehrgeiz wie vorher an den Tag, ts ts ts. Oder erstaunlicherweise genau denselben wie früher, und das mit Kind, ts ts ts. Für Karriere wäre doch später noch genug Zeit. Allerdings hat man dann keine Chance mehr, das muss einem doch bitte schön klar sein. Aber da war man ja leider schon weg, als das besprochen wurde ...

Eine Kakophonie der Vorwürfe – das ist der Soundtrack des ereignisreichen Mehrteilers «Mama arbeitet». Es keinem recht machen zu können ist eine undankbare Situation. Aber gleichzeitig schult es die Fähigkeit, auf Durchzug zu stellen und zur Selbstreflexion. Denn wenn von außen nur Genöle kommt, ist das eine prima Gelegenheit, mal nach innen zu hören. Die Nadeln auf der Prioritäten-Pinnwand frisch zu stecken. Sich vielleicht sogar ein bisschen neu zu erfinden. Jetzt müsste bitte nur noch jemand hübsche Businesskleidung mit Teflon-Beschichtung designen.

SÄTZE, DIE MAMAS MIT TEILZEITJOBS NICHT MEHR HÖREN KÖNNEN

In Teilzeit zu arbeiten ist nichts, was man einfach mal so unauffällig macht. Es wird kommentiert, jeden Tag. Manche Kollegen scheinen das verarbeiten zu müssen, oft jahrelang. Und zwar mit den immer gleichen Sätzen – mit denen Mamas hervorragend Bullshit-Bingo spielen könnten, wenn ihnen ihr straffer Halbtagsjob-Zeitplan ein bisschen mehr Luft für Büroquatsch lassen würde.

- «Ach, du gehst schon?»
- «Schönen Feierabend!»
- «Ich würde mir jetzt auch gerne einen entspannten Nachmittag machen.»
- «Da warst du schon weg.»
- «Ach, diiiich hatte ich jetzt für das Projekt überhaupt nicht auf dem Schirm.»
- «An welchen Tagen bist du noch mal im Büro? Ich kann's mir einfach nicht merken.»
- «Ist es eigentlich normal, dass sie so oft krank sind?»
- «Bist du irgendwie erreichbar, wenn du morgen Homeoffice machst?» *(Das Wort ‹Homeoffice› sonderbar betonend oder Anführungszeichen in die Luft malend.)*
- «Früher warst du nicht so emotional.»
- «Du siehst müde aus.»
- «Plant ihr eigentlich noch eins?»

WANN DAS KIND GARANTIERT KRANK WIRD

Mütter im Büro sind ja so ein bisschen wie Feuerwehrleute in Rufbereitschaft. Immer das Handy dabei, allzeit bereit, von jetzt auf gleich zum Einsatz auszurücken. Und mit klopfendem Herzen das fiebernde / spuckende / blutende / hustende / verlauste Kind abzuholen. Wann genau es das nächste Mal so weit sein wird, weiß man nicht. Wobei, Moment – ein paar verlässliche Regeln gibt es da schon:

- vor der wichtigen Präsentation, die man ganz alleine vorbereitet hat;
- am Tag, nachdem man dem Chef versichert hat, dass er sich hundertprozentig auf einen verlassen kann;
- wenn der Mann auf Geschäftsreise ist und Oma und Opa krank sind;
- einen Tag vor dem großen Sommerurlaub;
- am Morgen der nun schon seit Monaten verschobenen Gehaltsverhandlung;
- direkt, nachdem man den neuen Babysitter gefeuert hat;
- während des jährlichen Mitarbeitergesprächs mit dem Vorgesetzten;
- vor dem Termin mit eigens angereisten Geschäftspartnern;
- am Tag, an dem die Neuverteilung der Büros besprochen wird;
- vor dem Betriebsausflug;
- wenn man gerade selbst krank war;
- in der ersten Woche nach der Elternzeit.

WO MAN EINEN
GUTEN BABYSITTER FINDET

Oder zwei oder drei! Denn so ist es nun mal Babysitterbusiness-Gesetz: Die ersten beiden, die man fragt, können gerade nicht. Also lieber gleich ein ganzes Team casten. Bloß wo eigentlich? Zum Beispiel hier:

- **in der Familie:** Opa Gustav, die kleine Cousine oder die Schwiegereltern – Verwandte qualifizieren sich quasi automatisch für die A-Besetzung des Betreuungsstabes.
- **in der erweiterten Familie:** Wie heißt noch mal diese reizende Freundin von Tante Gisi, die so sehnlich auf Enkel wartet und die nachts ohnehin nicht schlafen kann?
- **im Freundeskreis:** Den Abend mit Butternudeln und Pups-Witzen zu verbringen und danach mit den Kindern beim Feuerwehrmann-Sam-Hörspiel im Stockbett einzuschlafen – was für Eltern schnöder Alltag ist, klingt für manch kinderlose Freunde glücklicherweise wahnsinnig verlockend.
- **im Freundes-Kinderkreis:** Früher fand man es mutig, wenn befreundete Paare früh Babys bekamen, heute einfach nur super – denn inzwischen sind die fast erwachsen und können auf den eigenen Nachwuchs aufpassen.
- **unter den Nachbarn:** Vielleicht gibt es da jemanden, dem

man abends das Babyphone auf den Wohnzimmertisch stellen kann, oder Teeniekinder, die die Kleinen nachmittags im Garten bespaßen?
- **im Kindergarten:** Die ehemalige Erzieherin oder die lustige Praktikantin aus der Kita kennt die Kinder natürlich besonders gut – großer Pluspunkt!
- **Betreuungs-Plattformen im Internet:** Sie vermitteln (manchmal gegen Gebühr) Babysitter in unterschiedlichen Städten.
- **Leihoma-Service:** perfekt für Familien, die auf lebenserfahrene Seniorinnen setzen.

GASTLISTE
→ www.die-anderl.de

FRAGEN, DIE MAN EINEM AU-PAIR UNBEDINGT STELLEN SOLLTE

Inzwischen heißt Andrea Reifs Blog «Die Anderl», zuvor schrieb sie viele Jahre unter dem Namen «MeWorkingMom» über die Vereinbarkeit von Familie und Beruf. Sie hat drei Kinder – und ganz unterschiedliche Erfahrungen mit zwei Au-pairs, die bereits in ihrem Haus wohnten. Ihr Fazit: Das perfekte Austausch-Kindermädchen als All-inclusive-Paket sämtlicher elterlicher Wunschvorstellungen gibt es nicht. Aber durch ein paar essenzielle Fragen beim Auswahlprozess kann man ziemlich nahe dorthin kommen (oder sich eine Menge Ärger ersparen, wie man's nimmt)!

- Welche Haushaltspflichten musst du aktuell zu Hause übernehmen? (im günstigsten Fall mehr als Müll rausbringen)
- Hast du schon mal ein Badezimmer geputzt? (… oder bekommst du bei dieser Frage einen Ekelanfall?)
- Was machst du, wenn du eine Meinungsverschiedenheit mit deinen Eltern hast? (ausdiskutieren oder aussitzen?)
- Mit welchen drei Wörtern würden dich deine Freunde beschreiben? (auf der schwarzen Liste: Partymaus, Shopaholic, Chaosqueen)

- Bist du ein Morgenmensch beziehungsweise ein Frühaufsteher? (Und weil du sowieso mit Ja antworten wirst, was bedeutet für dich «früh»?)
- Wie viel Schlaf brauchst du, um dich fit zu fühlen? (Alles, was über dem Pensum der eigenen Kinder liegt, ist nicht so richtig günstig.)
- Würdest du dich als pünktlich bezeichnen? (Oder «arbeitest du noch dran»?)
- Würdest du dich unwohl fühlen, wenn die Kinder im Sommer nackt in unserem Garten umherlaufen? (Ja, so was gibt's bei den crazy Germans.)
- Fällt es dir leicht, neue Menschen kennenzulernen? (Oder werden uns die Nachbarn ihren Respekt dafür aussprechen, auch einem taubstummen Au-pair eine Chance zu geben?)
- Kannst du Fahrrad fahren? (Und tust es auch tatsächlich oder war das letzte Mal mit fünf und Stützrädern?)
- Wie verbringst du aktuell deine Abende? (Ja, keine Sorge, wir haben WLAN)
- Welche Dinge würdest du mit den Kindern gerne unternehmen? (Ein bisschen mehr als «abhängen» und «chillen» wäre toll)
- Kannst du schwimmen? (So richtig, im See oder im Meer?)
- Hast du schon mal Schnee gesehen, und magst du den Winter? (Oder wirst du dich in den Monaten Oktober bis Februar weigern, das Haus zu verlassen?)

WAS MAN DEN ARBEITSKOLLEGEN LIEBER NICHT ERZÄHLT

Man hat sie gerade erst in der Kita abgegeben und vermisst sie jetzt schon total. Weil sie einfach sooo, sooo süß sind. Bessere Kinder könnte man sich gar nicht vorstellen, was für ein Glück. Schon klar, das alles hier muss man aber trotzdem nicht laut aussprechen, ist besser so.

- Dass die Tatsache, dass die Tochter mit einem Jahr schon einen Stift halten kann, ziemlich sicher auf Hochbegabung hindeutet.
- Woher im Einzelnen genau die Flecken auf der Bluse stammen.
- Dass der Kleine immer «Kajuter» sagt statt Computer. Und «sreiben» statt schreiben. Total niedlich, oder? Und den Namen der Kollegin, den spricht er aus wie ...
- Dass der Schokokuchen, den man gerade in die Kaffeeküche gestellt hat, deshalb so lustig aussieht, weil die Kinder ihre dreckigen Finger nicht aus dem Guss lassen konnten.
- Dass man zum neuen Projekt des Kollegen heute beim besten Willen nichts beitragen kann, weil das zahnende Kind die ganze Nacht durchgeschrien hat.
- Was ganz genau passiert ist und womit man es weggewischt hat, als man das Baby neulich kurz mit im Büro

hatte und es diesen Wickel-Unfall auf dem Konferenztisch gab.
- Dass es gestern Nachmittag in der Sonne auf dem Spielplatz wirklich herrlich war.
- Welche Stuhlkonsistenz jedes Familienmitglied im Verlauf der letzten 24 Stunden hatte, wenn der Kollege nach dem überstandenen Magen-Darm-Infekt höflich fragt, ob es allen wieder gut geht.
- Dass so eine durchfeierte Nacht, von der die Kollegen gerade erzählen, ja gar nichts ist im Vergleich zur ersten Zeit mit einem Baby.
- Dass man, seit man Kinder hat, Leute überhaupt nicht mehr verstehen kann, bei denen sich alles um die Arbeit dreht.

→ www.meinesvenja.de

**MUTTI MACHT IN ONLINE –
WAS SIE SICH VORHER
ÜBERLEGT HABEN SOLLTE**

Man geht ja eigentlich davon aus, dass in der Elternzeit Muttis Hirn und Ehrgeiz erst mal Pause machen. Aber wie das eben so ist, wenn man am wenigsten damit rechnet: Genau jetzt kommen viele Mütter auf die tollsten Ideen! Für kleine, feine Shops mit Herzblut. Für Blogs. Oder Service-Angebote, die es so noch nicht gibt. Und sie beginnen beim Kinderwagenschieben darüber nachzudenken, ob sie neben diesem kleinen Menschlein gleich noch ein Online-Baby in die Welt setzen sollten. Ja oder nein oder doch, aber wann und wie? Wer könnte bei diesen Überlegungen besser helfen als eine, die quasi Nullen und Einsen im Blut hat: Svenja Walter, Zweifach-Mutter und Bloggerin der ersten Stunde. Ihre enorm erfolgreiche Seite «Meine Svenja» ist längst zur Marke geworden, sie spricht auf Konferenzen, coacht andere Blogger und Unternehmen, hat einen eigenen YouTube-Kanal – und kennt alle Fragen für die persönliche Soll-ich-oder-nicht-Bilanz.

- **Gibt meine familiäre Situation genug Zeit für ein Online-Business her?** Zuerst die Bestandsaufnahme: Wie alt sind die Kinder? Wie sehr brauchen sie mich noch? Habe ich genug Zeit für und mit meinem Partner? Werde ich allen Bedürfnissen gerecht und habe trotzdem noch Raum

für mich? Erst wenn ich einen genauen Check gemacht habe, wo ich gerade stehe, kann ich entscheiden, ob schon Platz für etwas Neues in meinem Leben ist.
- **Habe ich wirklich Lust auf das Thema?** Ich werde viele Stunden mit meinem Online-Baby verbringen. Deshalb sollten mir – egal, ob es ein Mom-Blog oder ein Shop auf «Dawanda» ist – auf Anhieb viele Posts oder mögliche Produkte einfallen. Einfach mal mit einem Stift und einem Zettel hinsetzen und den Test machen. Wem nicht mindestens hundert Themen einfallen, sollte sich was anderes suchen.
- **Habe ich genug Biss, Disziplin und einen langen Atem?** Ein Online-Business hat keine Öffnungszeiten, sondern ist eine 24/7-Angelegenheit. Jeden Tag müssen Anfragen und Kommentare beantwortet werden – und im Hintergrund gibt es rund um die Uhr etwas zu organisieren. Ich selbst habe mir meine erste Schreibpause nach fünf Jahren genommen. Wer erfolgreich werden möchte, auf den wartet eine spannende Zeit, die sehr viel Energie braucht.
- **Möchte ich eine Nerd-Brille aufsetzen?** Wer online arbeitet, arbeitet technisch. Am Laptop, mit Smartphone und Kamera. Macht Bilder, nutzt Software, schneidet Filme und programmiert (auch wenn man das nie wollte). Versucht Bugs in Wordpress zu beheben oder zu verstehen, warum der Shop gerade nicht rund läuft. All das geht nur, wenn ich Lust auf Technik habe. Wenn ich mich gerne in Dinge reinfuchse und mir mit YouTube-Tutorials neue Welten erschließe.
- **Bin ich mir klar darüber, wie mein Arbeitsalltag aussehen wird?** Das, was vorne raus ziemlich glamourös aussehen

kann (Kooperationen, Bloggerreisen, Events, ein eigener Online-Shop, Umsätze), ist hinten raus viel Sisyphos-Arbeit. Ich selbst schreibe vielleicht zehn Prozent meiner Arbeitszeit. Die restliche Energie fließt in Organisation und Backoffice. Vom Holzplattekaufen im Baumarkt für den Fotohintergrund bis Taxiquittungenaufkleben.

- **Arbeite ich gerne selbstbestimmt und eigenverantwortlich?** Als Onlinerin habe ich keinen Chef, keine Deadlines, keine Kollegen für einen Plausch an der Kaffeemaschine. Wer intrinsisch motiviert ist und die Stille liebt, ist online richtig. Austausch und Kommunikation kommen dann über die sozialen Plattformen – mehr als genug.
- **Wie viel will ich von mir zeigen?** Als Onliner gebe ich Dinge preis, die jeder nachlesen kann. Die Schwiegermutter, der Exfreund, die Mutter aus dem Kindergarten. Sich dieser Tatsache bewusst zu sein und trotzdem echt zu bleiben und zu sagen, was man denkt, oder zu zeigen, wofür man steht – das ist ein schmaler Grat. Für den nicht jeder gemacht ist.
- **Bin ich gleichermaßen perfektionistisch wie locker?** Perfektionismus ist wichtig, denn niemand möchte einen Text mit zig Rechtschreibfehlern lesen. Aber auch wenn ich die Fotos dreimal bearbeite und immer noch nicht zufrieden bin: Irgendwann muss ich sie veröffentlichen. Online zu arbeiten heißt, Dinge hinzukriegen und online zu stellen. No matter what.
- **Weiß ich wirklich, was meine Kunden wollen?** Fragen hat noch nie geschadet. Man spart sich viel Zeit und viel Geld. Und das sage ich aus Erfahrung. Dieser kleine Punkt ist so wichtig, dass er eigentlich an die erste Position gehört. Dass er da nicht steht, liegt daran, dass ich mit dieser

Frage ein komplett neues Fass aufmache. Das von Logodesign und Kundenpersonas, von Design Thinking und Storytelling. An dieser Stelle sind die YouTube-Tutorials (siehe oben) sehr praktisch.

- **Mach ich das jetzt, oder mach ich das jetzt?** Am Ende ist es egal, ob ich wirklich alles vorher bedacht habe. Ob Online richtig für mich ist, lerne ich vor allem durchs Ausprobieren. Also: Wer wirklich Lust darauf hat, Onliner zu werden, sollte loslegen. Für mich war es die beste Entscheidung meines beruflichen Lebens, es einfach zu machen. Jeden Tag aufs Neue.

WORAN MAN IM BÜRO MERKT, DASS MAN DRINGEND MAL DIE MUTTI AUSSCHALTEN MUSS

Präsentationen, supereilige Projekte, nicht zu Ende gebrachte Gedanken – Mütter nehmen sich so allerhand aus dem Büro mit nach Hause. Manchmal passiert es allerdings auch andersrum. Das merken sie spätestens, wenn sie …

- … «Morgenkreis» statt «Jour fixe» sagen;
- … den Kollegen in der Kantine anbieten, ihre Spaghetti zu schneiden;
- … «Tatütata» rufen, sobald draußen ein Martinshorn zu hören ist;
- … Mitarbeiter inflationär für banale Dinge loben;
- … sich gebrauchte Taschentücher für später in den Hosenbund stecken;
- … den Praktikanten darauf hinweisen, dass sein Pulli zu dünn ist für die Temperaturen da draußen;
- … die Kollegin für wahnsinnig halten, weil sie die heiße Tasse so nah an den Tischrand stellt;
- … sich fragen, ob diese neongelben Flecken theoretisch auswaschbar wären, bevor man den Textmarker benutzt;
- … den Chef ermahnen, nicht auf dem Stuhl zu kippeln;
- … den Kollegen vorschlagen, um die Betreuung des neuen Kunden Schnick Schnack Schnuck zu spielen;
- … im Büro-Aufzug fragen, wer heute den Knopf drücken will.

WELCHE FORTBILDUNGEN WORKING MOMS SICH SPAREN KÖNNEN

Manche Vorgesetzte tun ja gerne so, als wären Kinder Handicaps, die man mit durch sein Berufsleben schleppt. Eine Art einseitige Dauerbelastung der Arbeitsbeziehung. Dabei vergessen sie allerdings die vielen Coaching-Stunden, in denen die Kleinen ihre Eltern zu Hause mit Detlef Soost'schem Drive für den Joballtag weiterbilden. Ein ausgefeiltes Programm, das wohl kein Personaler auf der Welt besser planen könnte.

- **Zeitmanagement:** Für welche Aufgaben sie wie lange brauchen, wie viele davon sich gleichzeitig erledigen lassen und wie die Prioritäten-Rangfolge ist – das kalkulieren Mütter ganz fix nebenbei, während sie den Computer hochfahren. Immer mit ausreichend Zeitpuffer, versteht sich. Es könnte ja jede Minute das Kind krank werden (siehe Seite 175, «Wann das Kind garantiert krank wird»).
- **Konfliktlösungsstrategien:** Gemeinsam einen Kompromiss aushandeln, mit dem beide Seiten leben können, dabei hilft Mama nachmittags kleinen Streithähnen im Sandkasten und vormittags großen im Büro.
- **Mitarbeitermotivation:** Wer einen gehfaulen Zweijährigen bis zum Spielplatz quatschen kann oder ein bockiges Kindergartenkind dazu bringt, freiwillig sein Zimmer aufzuräumen, hat keine Lücken mehr in seinem Überzeugungstricks-Repertoire.
- **Führungskräftecoaching:** Sie hat die komplette Familie durch die letzte Läusebehandlung dirigiert, genauso wie

durch den verregneten Spanienurlaub und auf einen Voralpenberg. Mutti weiß, wie Chef geht.

- **Selbst- und Fremdwahrnehmung:** Ob ihr Tonfall überzeugend ist oder eher nicht so, sie diesen neuen Rock wirklich tragen kann und wie es um ihre Autorität im Allgemeinen steht – das wird Mama von ihren kleinen Trainern zu Hause sehr direkt gespiegelt. Einen Coach mit Pantomime-Übungen und Farbberatung braucht sie nicht.
- **Projektmanagement:** Wer mal einen Krippenplatz in einer deutschen Großstadt klargemacht oder einen Einhorngeburtstag für zwanzig Fünfjährige organisiert hat, für den ist alles andere eine lustige Fingerübung.
- **Rhetorik für Fortgeschrittene:** Dafür sorgen, dass der Chef ganz von selbst auf eine Idee kommt, die ursprünglich mal ihre war (was er natürlich nicht erfahren wird) – das hat Mama einfach schon sehr, sehr oft zu Hause geübt.
- **Gedächtnistraining:** Die Einkaufsliste für den Drogeriemarkt, das Rezept des leckeren zuckerfreien Kuchens, der aktuelle Stand des Impfplans, sämtliche Weihnachts-, Geburtstags- und Osterwünsche – Mamas Gehirn wächst mit seinen Aufgaben. Also jeden Tag.

DANKE

Danke, ihr tollen Menschen um mich herum, die ihr mich bei der Entstehung dieses Buches so großartig unterstützt habt (selbstverständlich in Listenform):

- meine beiden Kinder, ohne die ich gar nicht erst auf die Idee für diese Sammlung gekommen wäre;
- mein Mann, der mir zuverlässig das Gefühl gibt, meine ständige Listenschreiberei sei eine liebenswerte Eigenart, kein bedenklicher Spleen;
- meine Schwester, Eltern, Schwiegereltern und Freunde, die mir alles Mögliche abgenommen haben, damit ich Extraschichten im Tippen und Denken schieben konnte;
- die Gast-Autoren dieses Buches, die so engagiert und unkompliziert ihre Listen zu meinem Projekt beigesteuert haben (allen voran die Regulars);
- sämtliche Mamas und Papas, die ich für die Recherchen zu diesem Buch befragt habe und deren Tipps, Anekdoten, Erfahrungen und Zitate zu Listen-Mosaiksteinen geworden sind;
- die Leser meines Blogs «Mutti so yeah» mit ihren Inspirationen und Kommentaren.

QUELLENANGABEN

Zitate auf Seite 81 f. in der Reihenfolge der Auflistung:

- Playboy, Ausgabe 03/2013
- www.redbookmag.com/life/interviews/a4649/julianne-moore-family-life/
- «Life in Pieces», Staffel 2, Folge 14
- http://simpsons.wikia.com/wiki/The_Marge-ian_Chronicles/Quotes
- www.huffingtonpost.com/2014/03/18/kate-winslet-motherhood-_n_4985582.html
- www.latimes.com/entertainment/movies/la-et-mn-blake-lively-adaline20150424-story.html#page=1
- http://celebritybabies.people.com/2016/07/12/kristen-bell-supportive-mom-kids-boundaries-redbook/
- «Golden Girls», Staffel 3, Folge 14 «Blanche's Little Girl»

Das für dieses Buch verwendete Papier ist FSC®-zertifiziert.